商貿縱觀

歷代商業與市場經濟

唐 容 編著

崧燁文化

目錄

近世時期 貿易政策

序 言 商貿縱觀

文化是民族的血脈，是人民的精神家園。

文化是立國之根，最終體現在文化的發展繁榮。博大精深的中華優秀傳統文化是我們在世界文化激盪中站穩腳跟的根基。中華文化源遠流長，積澱著中華民族最深層的精神追求，代表著中華民族獨特的精神標識，為中華民族生生不息、發展壯大提供了豐厚滋養。我們要認識中華文化的獨特創造、價值理念、鮮明特色，增強文化自信和價值自信。

面對世界各國形形色色的文化現象，面對各種眼花繚亂的現代傳媒，要堅持文化自信，古為今用、洋為中用、推陳出新，有鑑別地加以對待，有揚棄地予以繼承，傳承和昇華中華優秀傳統文化，增強國家文化軟實力。

浩浩歷史長河，熊熊文明薪火，中華文化源遠流長，滾滾黃河、滔滔長江，是最直接源頭，這兩大文化浪濤經過千百年沖刷洗禮和不斷交流、融合以及沉澱，最終形成了求同存異、兼收並蓄的輝煌燦爛的中華文明，也是世界上唯一綿延不絕而從沒中斷的古老文化，並始終充滿了生機與活力。

中華文化曾是東方文化搖籃，也是推動世界文明不斷前行的動力之一。早在五百年前，中華文化的四大發明催生了歐洲文藝復興運動和地理大發現。中國四大發明先後傳到西方，對於促進西方工業社會發展和形成，曾造成了重要作用。

中華文化的力量，已經深深熔鑄到我們的生命力、創造力和凝聚力中，是我們民族的基因。中華民族的精神，也已

深深植根於綿延數千年的優秀文化傳統之中，是我們的精神家園。

總之，中華文化博大精深，是中華各族人民五千年來創造、傳承下來的物質文明和精神文明的總和，其內容包羅萬象，浩若星漢，具有很強文化縱深，蘊含豐富寶藏。我們要實現中華文化偉大復興，首先要站在傳統文化前沿，薪火相傳，一脈相承，弘揚和發展五千年來優秀的、光明的、先進的、科學的、文明的和自豪的文化現象，融合古今中外一切文化精華，構建具有中華文化特色的現代民族文化，向世界和未來展示中華民族的文化力量、文化價值、文化形態與文化風采。

為此，在有關專家指導下，我們收集整理了大量古今資料和最新研究成果，特別編撰了本套大型書系。主要包括獨具特色的語言文字、浩如煙海的文化典籍、名揚世界的科技工藝、異彩紛呈的文學藝術、充滿智慧的中國哲學、完備而深刻的倫理道德、古風古韻的建築遺存、深具內涵的自然名勝、悠久傳承的歷史文明，還有各具特色又相互交融的地域文化和民族文化等，充分顯示了中華民族厚重文化底蘊和強大民族凝聚力，具有極強系統性、廣博性和規模性。

本套書系的特點是全景展現，縱橫捭闔，內容採取講故事的方式進行敘述，語言通俗，明白曉暢，圖文並茂，形象直觀，古風古韻，格調高雅，具有很強的可讀性、欣賞性、知識性和延伸性，能夠讓廣大讀者全面觸摸和感受中華文化的豐富內涵。

肖東發

上古時期 豪商巨賈

　　春秋戰國是中國歷史上的上古時期。這一時期，社會生產力不斷進步，社會分工更加詳細。隨著商業的發展，湧現出許多著名的大商人，成為該時期商業領域的代表人物。

　　范蠡用大智慧開創了中國商業文化；子貢憑藉「孔門十哲」金字招牌，成為名副其實的儒商；白圭的經商之道和貿易理論，無愧於經濟謀略家的稱號。

　　以「奇貨可居」著稱的呂不韋，更是以風險投資成為古今中外第一人。這些豪商巨賈，開啟了中國商業史先河，並產生了十分深遠的影響。

▌先秦商業的起源與發展

■先秦時期的錢幣

　　先秦是指中國統一以前的歷史，主要指春秋戰國時期。在這一時期，隨著生產力的發展和生產關係的變化，商業發展達到前所未有的水準，進入了中國商業史上的第一次飛躍。此時，由於官府控制商業的局面逐漸被打破，各地出現許多商品市場和大商人。

　　這一時期商品交換的頻繁促進了貨幣制度的發展，中國金屬貨幣在春秋中晚期使用廣泛，各國自行鑄錢，如要進行貴重商品交易，則使用黃金。

　　此外，由於經濟活躍，以放債營生的行業也漸漸盛行。著名的孟嘗君就曾經營過高利貸活動。

　　春秋以前的商業交換活動，基本上還是些遠距離的各地名產和裝飾品的交換，在整個社會經濟生產和生活中還沒有地位。

應當說，春秋以前的社會還是十足的自給自足的社會。商業交換活動顯著發展起來，是在春秋戰國時期開始的。

西元前七百七十年，周平王東遷洛邑，建立東周，開始了中國歷史上的春秋戰國時期。也就是從這時起，中國歷史上獨立從事耕作或手工業的人開始大量出現，社會生產更趨向商業化。

周滅商後，商王朝人失去了貴族權，能活下來的，就外出做生意去了。做「生意」的原意是「求生」，即另謀生路去了。但商人貴族後代又不甘於種田織布那種下人的苦力活，於是就全做起買賣來了。

因為商王朝雖滅，但他們尚有較雄厚的資金。以後，凡是做生意做買賣的，統稱為「商人」。因為當時全是商人後代在做買賣。

從社會經濟這個角度來看，春秋時期，由於社會有了一定程度的分工，出現了商賈這樣的專門職業。東漢末年的經學大師鄭玄說：「行曰商，處曰賈。」

這也就是說，商，是指專門從事遠程販運。在外組織貨源的人，這就是「行」。賈，就是居肆列貨。直接面向消費者售賣，以求其利，這就是「處」。

春秋時期有許多名產的運輸者和買賣者。楚國的木材、皮革，就遠輸到晉國。《左傳·襄公二十六年》中說，楚國使臣聲子自晉還楚對楚貴族子木說：「杞梓皮革，自楚往也；雖楚有材，晉實用之。」

意思是說：杞、梓、皮革，本來是楚國特產，卻在源源不斷地被運到晉國。楚國固然人才眾多，但實在是晉國人在使用他們。晉國的杞、梓、皮、革，是從楚國去的。杞、梓、皮、革是楚國的特產，經過運輸交換變成商品。

當時的商賈已被列為四民之一。《左傳·宣公十二年》稱「商農工賈，不敗其業」。儘管此時商人的社會地位還很低下，還是在官府直接控制下的商人，但是已經是一種專門的職業了。

春秋時期諸侯國林立，紛紛興築都城。這些都市位居津要，自然成為商品集散的最佳地段，初期的都市形態逐漸轉變為以商業貿易為中心的繁榮城市。如趙國的邯鄲，齊國的臨淄，秦國的咸陽等，都是當時著名的商業城市。

城市內往往設有許多個市，作為商品交換的固定場所，市的四周有「市門」，設「市吏」管理。市內列肆成行，商品分類出售。

當時的商業活動，雖在城市裡的市場進行，但是根據當時的管理制度，必須由政府來壟斷市場，掌握物價。據《左傳》載，鄭國、衛國和宋國都有專門的官吏掌管，魯國管理市場的官吏叫「賈正」。

春秋時期雖然政府管理商業，但由於經濟活躍，列國中出現了有錢有勢的大商人。這些富商積累了大量財富，常常經營高利貸，以放債營生的行業由此漸盛。著名的孟嘗君就曾經營高利貸事業。

孟嘗君是齊國貴族，慕名而來者甚多，但他對食客熱情款待與己無二，所以，食客往返歸之如雲，高峰期竟達三千餘人。

　　為了接待食客，孟嘗君開辦了旅店，但食客的吃、住、行需要錢，所以，孟嘗君的收入抵不了食客的浩繁開銷。因此，孟嘗君兼差放一些高利貸來補充。

　　深謀遠慮的食客馮諼對孟嘗君經營高利貸有自己的看法，他在為孟嘗君收高利貸利息時，對確無能力償還利息的多戶債主，建議孟嘗君當眾將「債券」焚燒。此舉得到多數窮苦百姓的崇敬和歡迎。

　　另一方面，孟嘗君也把旅店對外營業，從中得一部分盈利來填充巨大的開銷。旅店內部分「食客部」和「對外部」兩班人馬管理。

　　在接待食客方面客舍分三等：上等為「代舍」，食有肉，行有車；中等為「幸舍」食有肉，不乘車；下等為「傳舍」，食普通飯菜。

　　對外部的商業經營方面，飯菜也分三等：勢大錢多的人供名貴飯菜；紳士富人供高等飯菜；普通百姓供價格便宜飯菜。另外，特別貧苦遭難之人給予特別施捨且分文不取。

　　孟嘗君開設的大旅店，規模之大而管理有方且又禮儀待人，所以生意興隆，名聞遐邇，有「孟嘗君子店，千里客來投」之說。

　　到春秋末戰國初，由於商業貿易的進一步發展，一些原來身居顯位的卿相也開始經商。如曾經幫助越王勾踐雪會稽

之恥的范蠡，後來離越入齊，又從齊到當時屬於交通中心的商業城市陶邑，從事商業，號稱「陶朱公」。其後子孫繼續經營，富至巨萬。

戰國時期，市上的商品種類更加豐富，有吃的米糧，有用的有綢布、皮貨、衣履、刀劍，還有各種牲口，及各式奢侈品如珠寶、玉器、象牙床、千里馬、狐裘之類，無不具備，而且出現了為買賣雙方評價說合的「牙人」。

工商業發展後，便湧現出握有巨萬資財的富商巨賈，大者富比國都，中者富比縣郡，下者富比鄉里，而且這樣的人不在少數。

後來的西漢史學家司馬遷在《史記》中，稱這些新興工商業者說：「千金之家比一都之君，巨萬者乃與王者同樂。」

戰國時期，由於商品交換關係的發展，鄉村集市也開始形成，並出現了商人壟斷鄉村集市的現象。

戰國時期思想家孟軻形象地描寫了站在鄉村市集的高地上，操縱貿易、伺機牟利的「賤丈夫」。他在《孟子滕文公上》中說：

有賤大夫焉，必求壟斷而登之，以左右望，而網市利。

意思是說：在曠野的集市上，有個商人站到高地上，即「壟斷」上，東張西望，想把市利都弄到自己手裡。

這些自由商人的出現，最初多是由一些小商販發展起來的，他們的地位低賤，所以孟子說「有賤大夫焉」。後來人

們把操縱和把持貿易的行為叫做「壟斷」，就是從這裡引申出來的。

　　孟子對於「壟斷」的解釋，正確反映了商業貿易史的發展進程，特別是春秋戰國之際這個商業貿易史上的一個轉變過程。

　　戰國時期，一些卿大夫也有一面當官，一面從事商業活動的。魏惠王的大臣白圭，就是一個從事買賣穀物活動的商人。

　　到了戰國晚期，投機商人更為活躍，呂不韋就是一個突出的例證。他原是個大賈，後把商業上的投機方法運用到政治上，最終他出任秦之相國，封為文信侯，並取得了「仲父」的尊號，一度掌握秦國大權。

　　春秋戰國時期之所以會出現商業的發展，是因為社會生產力的持續進步，讓整個社會擁有了大量可供來流通的商品。同時，區域性諸侯國的產生，割斷和阻礙了整個社會的自由聯繫，這就使許多商品的流通變得有利可圖。

　　另外，各諸侯國為了滿足對生活物品和戰爭的需求，以及為了增加國家財政收入，便用行政手段鼓勵發展商業。這些因素，都大大刺激了當時商業的發展。

閱讀連結

　　西元前五百九十七年，在晉、楚兩國爭霸中原的邲之戰中，晉國大夫荀罃被楚國所俘。有一個財力雄厚的商人到楚

國經商，想用金錢賄賂楚國的看守人員，把荀罃祕密營救出來。後來沒有成為事實，因為楚國把荀罃釋放了。

荀罃回國後見到那個商人，非常感激他。而那個商人卻認為是楚國釋放的荀罃，所以自己不敢居功。

這則史實告訴我們，商人能參與援救荀罃的活動，也一定在楚國的貴族中有廣泛的聯繫。他們政治活動的基礎來自他們的經濟力量。

▌被尊為商聖的范蠡

■中國商人聖祖范蠡畫像

范蠡是春秋末年楚國著名的政治家、軍事家和實業家。范蠡大約出生於西元前五百三十六年，約於西元前四百四十八年無疾而終，享年高齡，幾近百歲，被稱為中國商人聖祖。

范蠡三次經商成巨富，三散家財，乃中國儒商之鼻祖。他創立了商業運籌學、價格學以及循環論等關於經商的理論，在以後的兩千多年裡都產生了很大影響。

　　范蠡的神奇之處在於：從政可為宰相，經商能為巨富。他用大智慧開創了中國商業文化。被後人尊稱「商聖」，更被供奉為財神。

　　范蠡出身貧寒，父母早亡，由哥嫂扶養成人。他從小就天資聰慧，博聞強識，喜歡讀書，學到了許多歷史知識和治國安邦的理論。

　　當時著名的商業理論家計然到范蠡的家鄉南陽雲游，范蠡拜其為師，跟他學習經濟知識和經商技巧。

　　范蠡和楚國名士文種是好友。當時列國紛爭，相互爭霸兼併，楚國政治不明，有才之士得不到重用。於是，兩個人商議之後，來到越國。

　　范蠡和文種入越後，深得越王勾踐重用，勾踐任范蠡為大夫，又擢為上將軍。

　　范蠡對勾踐忠心耿耿，出謀劃策，與文種同心協力為越國共謀良策，促進了越國強盛。最後滅掉勁敵吳國，勾踐當了霸主。

　　越國君臣設宴慶功，群臣歡歌笑語，十分高興。此時，只有勾踐一人面無喜色。范蠡看到後，暗自嘆息，深思熟慮後，決定攜帶家眷悄悄出走。

上古時期 豪商巨賈

　　范蠡臨行前告誡文種：「勾踐為了興越滅吳，不惜臥薪嘗膽。如今如願以償，卻不想將功勞落到大臣名下，猜疑嫉妒之心已見端倪。看來與越王只能同患難，不能共享樂，大名之下，難以久居。如不及早急流勇退，日後恐無葬身之地。」

　　文種並沒有和范蠡一起出走。後來，勾踐果然賜文種一劍，令其自殺。文種臨死前後悔當初沒有聽范蠡的話。

　　范蠡乘舟到達齊國後，隱姓埋名，自稱「鴟夷子皮」。在齊國，范蠡在海邊選了一片土地，和兒子一起開荒種地，種植穀物，並引海水煮鹽，日出而作，日落而歸，沒有幾年光景，就治下家產數十萬，成為當地巨富。

　　後來，齊國國君聽說了范蠡的事情，覺得此人是個奇才，就想任命他為相。可是范蠡卻把相印交還了齊君，還把大部分資財散發給了鄉鄰好友，一家人又重新遷居他處。

　　這次，范蠡到了「陶」這個地方，就是現在的山東定陶。當時陶地客商雲集，店鋪鱗次櫛比，商業往來頻繁。他認為陶是天下的中心，是交易買賣、互通有無的商業要道。這正是經商的好地方，就先定居下來，自稱「陶朱公」。

　　相傳，范蠡有一次來到一個鎮上的集市上經商。當時鎮上很是熱鬧，有各種各樣的店鋪，人們熙熙攘攘，連大樹底下也都擺滿了雜貨小攤，有皮毛肉類和各種山貨。

　　鎮子旁邊有一個大湖，范蠡向人一打聽才知道，原來這裡就是昔日洪水橫流時，大禹治水的熊耳山下古莘盧邑。

那時禹王帶領民工在山的東北角處劈山開石，疏通河道，使洛水東流後水位下降，留下一片幾十里的大湖，人們才在湖邊鎮上安居樂業。

　　范蠡瞭解到當地盛產山珍野味、肉類皮毛，糧食藥材等土特產品，但是農民缺少食鹽、葛麻布衣、日用雜品等。他覺得做生意的好機會來了。

　　於是，范蠡就在當地開了個雜貨舖，做起了收購山貨的生意。他收購的山貨價格很高，一傳十，十傳百，供貨人都往這裡跑，還不滿一個月，各種山貨就堆滿了幾個大庫房。

　　這些購回來的貨物很快就賣完了，他把往返一個來回的利潤一盤算，賺了很多錢。後來，當地的農民也都紛紛來批發些鹽和日用雜品下鄉去賣或換貨，學著做生意，這個地方的人漸漸地也都富裕起來。

　　有一次，一家收山貨的店鋪起火，范蠡的店鋪就在隔壁，結果殃及魚池，范蠡的店鋪也隨之起火，接著，接二連三，一條街的店鋪都燒著了。

　　鎮上的人都忙亂救火，但范蠡卻沒有去救火，而是帶上銀兩，網羅人力到附近的鎮上去採購竹木磚瓦、蘆葦椽桷等築房材料。

　　火災過後，百廢待興，大家都開始忙著建新房子，范蠡採買回來的大批竹木磚瓦這時正好派上了用場，人們紛紛來找范蠡買這些建房子的材料。

　　范蠡原來被燒燬的店鋪雖然損失慘重，但賣磚瓦木材所賺的錢數十倍於店鋪所值之錢，同時也滿足了百姓的需要。

　　范蠡經營了幾年山貨，又積累了幾十萬家財，他把絕大部分資財都送給他的好友和鄉鄰，又散發許多錢給窮苦人，人們都感謝不盡。

　　當地縣令為了紀念這位偉大的商人，就把范蠡經商的鎮命名為「范蠡鎮」。

　　范蠡年老的時候，由子孫持家，最後的家產越來越大。當時有一個叫猗頓的人聽說陶朱公經商有法，就拜他為師，後來經商致富，也是家產達千萬。時人每當說起富豪，就把他倆並稱為「陶朱猗頓之富」。

　　范蠡經商受人稱讚，他把財富分給窮人及較疏遠的兄弟，不為金錢所累。富豪者，行善積德應該是第一要務。

　　范蠡有一次做生意到了商洛，據說這裡是最早發明青銅器的地方。商洛當時生產的青銅器具很精美，遠近聞名，當時上至豪門，下至百姓都以使用青銅器為榮耀。

　　范蠡打聽到鄰近的秦國需求量大，他想：物以稀為貴，如果把商洛的青銅器運到秦國，肯定能夠賺取高利。范蠡於是就雇了很多牛車和人，到商洛地區收集青銅器，然後到秦國去賣。

　　在去秦國的時候，為了標明身分，就在牛車上和青銅器上都鑄個「商」字，「商」的意思是遊走買賣。

　　到了秦國國都咸陽，秦人看到牛頭上寫著「商」字，青銅器上鑄有「商」字，加上一件件器具光亮耀眼，精美絕倫，於是人們都叫著「商人來了，商人來了」，很快就把器具搶購一空。

「商人」後來就成為買賣商品人的代稱，「商人」的名稱由此而來。

在經商過程中，范蠡總結出了許多有價值的經驗。比如他對商品的價格上漲或下跌的趨勢有著精闢的見解。

范蠡將商品分為「穀物類」和生活所需的「非穀物類」，他認為，「穀物類」商品與「非穀物類」商品的價格波動方向相反：當收成好穀物價低時，人們對其他商品的需求就會增多，使其他商品價格上漲；當穀物價格高的時候，人們對其他商品需求減少，它的價格就會下降。

范蠡認為，凡是商品，必以將來迫切需要者為有利可圖，所以夏天要預測皮毛商品，冬天要預測葛麻商品，手中還要經常掌握著實物的積蓄，因為商品價格的漲跌不是無限度的，上漲到一定限度就會下跌，下跌到一定限度就會上漲。

商品價高時，就要儘快把手頭商品像糞土一樣毫不吝惜地拋售出去；商品價格下落時，要把它看作珠玉一樣，大量收購進來。這樣才能獲取更多的利潤。

范蠡還提出了一個「水則資車，旱則資舟」的「待乏」原則。就是說，在水災之年做車的生意，在旱災之年做船的生意。這初聽似乎違背常理，其實是大有道理，因為當水災時，大家都在做船的生意，利潤必定不高。而車的生意此時必定無人問津，如果趁此機會囤積一大批車，水災一旦結束，車將成為特別需求的商品，價格必然上漲。這時，將水災之年積下的車一下拋出，就能迅速獲取巨利。

　　范蠡本一介布衣，一生三次遷徙，《太平廣記·神仙傳》有「在越為范蠡，在齊為鴟夷子，在吳為陶朱公」一說。

閱讀連結

　　相傳范蠡是十六兩老秤的發明者。當時人們買賣東西都是用眼睛估計，很難做到公平交易。

　　後來，范蠡偶然想到了井裡汲水的方法：井邊豎一木樁，一橫木綁在木樁頂端；橫木的一頭吊木桶，另一頭繫石塊，此上彼下，輕便省力。

　　於是，他便仿照著做了一桿秤，並用南斗六星和北斗七星作標記，一顆星一兩重，十三顆星是一斤。此外又加上福、祿、壽三星，十六兩為一斤。

　　范蠡告誡商人，缺一兩折福，缺二兩折祿，缺三兩折壽。

▌儒商之鼻祖的子貢

■儒商子貢塑像

子貢是衛國人，名字叫端木賜，子貢是他的字。子貢是孔子得意門生，是由孔子親自教育出來的商人，屬於首屈一指的大富豪，而且是有史以來名副其實的儒商。孔子稱其為「瑚璉之器」，在孔門十哲中以言語聞名。

子貢不僅在道德、學識、能力具有超群的才華，能夠做到富而不驕，富而好禮，而且他是孔門七十二賢之一，孔門十哲之一。有孔門高徒的招牌，因而在商業競爭中，他的軟實力和無形資產，是一般商人無法比擬的。

春秋戰國時期，是中國工商業開始興起並逐步走上繁榮時期，此前那種宗族公社自給自足的封閉經濟模式，民至老死不相往來的自然狀態已土崩瓦解。

具有豐富的學識，新穎的思想，出眾的口才，謙虛的品格和不甘平庸的進取精神的子貢，緊緊抓住這一歷史機遇，投身商海，大展身手。

子貢出身於商人家庭，二十多歲繼承祖業開始經商。子貢雖然家累千金，但他不忘天下人。《呂氏春秋》、《說苑》、《孔子家語》等典籍都記述了子貢自己掏巨資，贖回一批魯國奴隸的善舉。可見，子貢是一個施於民而濟於眾的商人。

子貢投奔到孔子門下以前，就已經是一個非常成功的大商人了。子貢是孔子最親近的學生之一。在眾弟子中，孔子與子貢的關係超出一般。子貢欽佩和崇敬孔子，對孔子評價最高，是孔子及其學說的宣傳者和捍衛者。

孔子曾經招了三千多學生，規模很大，加之周遊列國，人在旅途，費用很高。而子貢作為一位成功的大商人，又是

孔子的得意門生，自然成了孔子教育事業的主要贊助者。可
見子貢的重情重義。

司馬遷在《史記·貨殖列傳》裡面說得很明白：

使孔子名布揚於天下者，子貢先後之。

意思是說：孔子之所以能夠在當時名揚四海，和子貢的
幫助有很大的關係。

子貢在經商發財以前，也是比較貧窮的。靠著經商，他
脫貧致富了。子貢經歷了窮和富兩種人生體驗，於是開始深
入思考：一個人貧窮的時候應該採取什麼樣的人生態度呢？
有錢了又應該採取什麼樣的人生態度呢？

子貢思考的結論是：「貧而不諂，富而無驕。」意思是說：
貧窮的時候，沒有自卑感，不低三下四地討好別人；有錢的
時候，沒有自大感，不盛氣凌人、趾高氣揚、傲慢無禮。

子貢對於自己的想法非常得意，並且自信自己就是這樣
做的。於是，他就自己的想法向孔子請教。

孔子教導他，貧而不諂，富而無驕，當然已經很不錯了，
但是還比不上「貧而樂道，富而好禮」。就是說：貧窮，卻
仍然堅持不懈地追求真理；富有，卻喜歡學習禮儀，有意識
地提升自己的道德水準。

孔子強調的是人的內在修養。人的內在修養，是要靠不
斷學習而得到提升的。而如果缺乏內在的修養做基礎，就有
可能只是裝樣子給別人看。

因為，它不是發自內心的一種自覺的行動，反而會成為非常痛苦的，甚至是虛假的東西。

聽了老師的話，子貢豁然開朗，懂得了內在修養更加重要、更加根本，德行的修養是沒有止境的，一個人對於修養，應該不斷地追求進步。

孔子的教導對子貢後來的人生發展造成了關鍵性的作用，他把學和行有機地結合在了一起，因此在他的言行舉止上，無不體現著儒家的思想，使精神上有了自己的安身立命之地，所以他不但有錢而且也有了心理上的幸福。

相傳，孔子病危時，子貢未能趕回。他覺得對不起老師，別人守墓三年離去，他在墓旁再守三年，共守墓六年。

儒商的價值觀所包括的是仁愛善良的道德觀，強國富民的目的觀，取財有道的價值觀，以民為本的服務觀，見義勇為的責任觀，公正平等的權益觀。一言以蔽之，君子愛財，取之有道。

子貢作為中國歷史上正宗的儒商，具有特殊的貿易技巧和儒商的高水準。

子貢具有開闊的國際視野。他在進行貿易的過程中，把魯國問題放到大背景之下來看。然後採用了商業競爭中經常使用的「借助外力」的策略，利用自己以外的力量，達到自己的目的。

子貢善於洞察時事。他追隨孔子周遊列國十幾年，所到之處，都是與各國的王公貴族打交道。而且他做的是珠寶生

意，他的客戶，也多數是有錢有勢的王公貴族。這使得子貢對於各國政治情況有非常清楚的瞭解。

正是在洞察時事的前提下，他的經營策略更有針對性，從而使貿易活動獲得經濟效益和社會效益。子貢做買賣需要見諸侯時，各國的君主都以平等的禮節來會見他，可見子貢的富有和聲望達到了什麼程度。

子貢能抓住人的心理，誘之以利。為什麼那麼多的國君都願意相信子貢的意見呢？就是因為子貢對於人的利己本性有非常深刻的認識。天下所有人，都為著自己的利益最大化而奔忙。

子貢作為成功的商人，要比一般人更能深刻地認識到人的這種利己本性。所以，他在進行貿易的時候，首先站在對方的立場上，從對方自身利益出發，激發起他們的利己之心，並且巧妙地利用了他們的利己之心，讓他們覺得，按照子貢的意見辦，就能夠得到最大利益。

子貢是孔子的高徒，這個身分本身就非常有號召力。在孔子周遊列國的過程中，很多諸侯國的君主不願意採用孔子的主張，也不打算重用孔子，但他們對於孔子的道德文章還是很尊重的。因而也特別重視子貢這個名門高徒。

子貢跟隨孔子學習多年，擁有很高的素質和修養，舉止斯文，彬彬有禮，能言善辯，談吐不凡。他的意見所產生的說服力和可信度，自然不是一般人所能比的。因此，他的商業活動屢屢成功。

儒商子貢靠著他的良好修養，不僅在他的時代受到了人們的廣泛尊重，而且也被後來歷朝歷代的商人奉為楷模。

閱讀連結

　　子貢曾經自命不凡，最初並不把孔子的學問放在眼裡。他對孔子的敬仰經歷了一個過程。

　　子貢跟著孔子學習不到一年的時候，自認為學問已經超過孔子。學到第二年的時候，雖然不再自以為超過孔子，但也覺著自己與孔子差不多。等到學到第三年的時候，子貢才真正認識到了自己比孔子差得遠。越學習越感受到了孔子思想的博大精深，認為老師的水準是不可能達到的，就彷彿登天無路一樣。

　　子貢的變化，反映了一個有知識又愛好學習的商人的進步。

▌經濟謀略家的白圭

■「中國第一商人」白圭畫像

　　白圭是戰國初年魏國的大商人，因其擅長經商而名滿天下，被譽為「中國第一商人」。他曾在魏國做官，後棄政從商。白圭善於靜觀時變，巧治生產。他的經商活動及其理論，影響了整個戰國時代。

　　白圭的經濟謀略在於逆向操作，買仁賣義，樂觀時變。《漢書》中說他是經營貿易發展生產的理論鼻祖，先秦時商業經營思想家，同時也是一位著名的經濟謀略家和理財家。

　　白圭因此被後世商人稱作「治生祖」，或稱「人間財神」，宋真宗封其為商聖。

　　戰國初年，社會發生巨大變化，社會經濟制度改革進一步深入，新興的地主制先後在各國確立。生產力迅速提高，市場上的商品量急遽增加，人民的消費購買能力也迅速增長，商業的發展出現了一個飛躍。

這個時期出現了大批的巨商大賈，而經濟謀略家白圭，就是其中著名的一個。

白圭出生在東周時期的洛陽。他師從鬼谷子，學習致富之計。幾年下來，白圭頗有心得，他認為，商場如戰場，只有隨機應變，巧用計謀，像師傅鬼谷子教授的那樣，「將欲取之必先與之」，待機而起，方可立於不敗之地。

古都洛陽作為政治、經濟的中心，工商業的發展有著悠久的歷史。早在西周，這裡就設有「泉府」作為金融管理機構，「空首布」作為貨幣廣泛流通，表明商業的發展相當繁榮。到了春秋戰國時，儘管周室國力衰微，但洛邑的商業貿易繁榮，人員往來頻繁。

洛陽人善為商賈，致力於商業和手工業，追逐利潤是洛陽人的傳統。《史記·貨殖列傳》中說，洛陽「天下熙熙，皆為利來；天下攘攘，皆為利往。」充分說明，不少外地商人不遠千里來洛陽經商。

當時的商人大都喜歡經營珠寶生意，但是白圭卻沒有選擇這一當時最賺錢的行業，而是另闢蹊徑，開闢了農副產品貿易這一新行業。

白圭才智出眾，獨具慧眼，當他看到當時的農業生產迅速發展，便敏感地意識到農副產品的經營將會成為利潤豐厚的行業，他提出「欲長錢，取下谷」的經營策略。

白圭認為，「下谷」等生活必需品，雖然利潤較低，但是消費彈性小，成交量大，以多取勝，一樣可以獲取大利。

於是，他毅然選擇了農產品、農村手工業原料和產品的大宗貿易為主要經營方向。

珠寶經營是以權貴富豪為對象，白圭選擇的「下谷」等生活必需品的經營，面對的卻是廣大比較清貧的平民百姓。因此，白圭奉行了薄利多銷的經營原則，不是提高商品的價格，而是透過加快商品流通、擴大銷售的方法來獲取更多的利潤。

為掌握市場的行情及變化規律，白圭經常深入市場，瞭解情況，對城鄉谷價瞭如指掌。

白圭有一套獨到的經商術，他把自己的經營原則總結為八個字「人棄我取，人取我與」。

這種逆向操作的具體做法是：在收穫季節或豐年，農民大量出售穀物時，適時購進穀物，再將絲綢、漆器等生活必需品賣給這時比較寬裕的農民；而在年景不好或是青黃不接時，適時出售糧食，同時購進滯銷的手工業原料和產品。

白圭所說的「與」，是予人實惠。當某些商品積壓滯銷時，一些奸商坐待價格貶得更低再大量購進，而白圭卻用比別家高的價格來收購；等市場糧食匱乏時，奸商們又囤積居奇，白圭卻以比別家低廉的價格及時銷售，滿足人民的需求。

當時的商業迅速發展，商人隊伍非常龐大，因此也魚龍混雜，主要分為兩類，一類稱為「誠買」、「廉商」、「良商」，另一類稱為「奸買」、「貪買」、「佞商」，而白圭正是戰國時期良商的典型代表。

白圭的這種「買仁賣義」的經營方法，既保證了自己能夠取得經營的主動權，獲得豐厚的利潤，又在客觀上調節了商品的供求和價格，在一定程度上保護農民、個體手工業者以及一般消費者的利益。無怪乎白圭自詡為「仁術」。

農副產品的經營受農業收成的制約很大，因此，把握時機，尤其是掌握年景豐歉變化的規律具有極其重要的意義。

白圭根據古代的歲星紀年法和五行的思想，運用天文學、氣象學的知識，總結出一套農業收成豐歉的規律，並遵循這個規律進行交易。豐年糧價低廉收購糧食，到歉年糧價上漲時出售，從豐年和歉年的價格差中可以獲得成倍的利潤。

白圭的這套預測理論，表現了他極高的知識水準和高瞻遠矚的眼光。他很擅長觀察天氣變化，注意提前儲備糧食物資來救災救荒，輔民安邦。

在豐收之年就趁糧價低時大量買進等災荒發生時就以低於市場的價格低價賣出，幫助人民度過災荒。這樣在輔民為民的同時，財富也成倍地增加。

白圭是商業這個行業最早收授門徒的人，他透過嚴格的挑選，收了一些學生。

白圭招生的標準是很高的，他認為一個優秀的商人，要具備以下條件：要通權變，能夠權衡利弊，把握時機，出奇制勝；要勇敢果斷，當機立斷；要有仁愛之心，能夠明白取予的道理，遵守「人棄我取，人取我與」的經營原則；還要有耐心，有毅力，能夠固守等待，不輕舉妄動。

商貿縱觀：歷代商業與市場經濟

上古時期 豪商巨賈

　　在戰國時期，雖然商人在古代「士、農、工、商」的行業劃分中，位居最後一位，商人在中國歷史上的地位一直都是比較低的，但是白圭卻將當時社會的最高道德規範來作為商人的基本素質要求。

　　可見白圭所要求的商人是一個具有很高的文化程度和高尚的道德品質的人，這和他以仁為本的經營理念是相合的。

　　白圭還強調商人要有豐富的知識，同時具備「智」、「勇」、「仁」、「強」等素質，要求既有姜子牙的謀略，又要有孫子用兵的韜略，否則經商是很難有大的成就。

　　白圭不講究吃喝，控制嗜好，節省穿戴，與僱用的奴僕同甘共苦，但在追逐有利時機時，他就像猛獸猛禽捕捉食物那樣迅捷。

　　因此他曾經極為自負地說，他治理生產，經營買賣，就像古代的姜子牙運用謀略治理國家，孫子以奇正之道用兵，商鞅順應時機變法一樣。白圭對企業運籌帷幄、穩操勝券的經營，證明他是完全有資格如此自負的。

　　白圭認為，如果一個人的智慧不夠用來隨機應變，勇氣夠不上果敢決斷，仁德不能夠正確取捨，強健不能夠有所堅守，雖然他想學習我的經商致富之術，我終究不會教給他的。因而，天下人談論經商致富之道都效法白圭。

　　白圭創造性地繼承和應用了前人的智慧，從而形成了自己的一套商業理論和經營策略。

白圭自成體系的商業經營思想，對後世產生了極大的影響。一直到明清，最大的商幫徽商還保留了許多兩千年前白圭的遺風。

著名的歷史學家司馬遷在《史記·貨殖列傳》裡就曾經高度評價白圭，並說「天下言治生祖白圭」，而白圭又被後世的商人奉為自己行業的祖師爺。他的經營思想，對以後的經營者仍然具有重要的指導意義，值得經營者用心地揣摩研究。

閱讀連結

據說白圭曾經在魏惠王初期擔任魏國的相。那時，魏國都城大梁靠近黃河，經常遭受洪水之災。在治理黃河期間，白圭施展了他傑出的治水才能，解除了大梁的水患。

白圭自稱自己治水的本領比大禹還高超，他說：「千里之堤，毀於蟻穴。」意思是說：千里長的大堤，常常因為小小的螞蟻窩而導致崩潰。

於是，他治水的時候，派人沿著大堤檢查，認真尋找蟻穴，堵塞了所有的螞蟻窩。結果，黃河大堤固若金湯，國都大梁的水患也消除了。

█ 商人政治家的呂不韋

■呂不韋畫像

　　呂不韋是戰國後期衛國的大商人，他也是雜家學派的代表人物。他由經商而經國，其氣魄之大、眼光之遠、創意之妙，可謂是前無古人，後少來者。說他是古今中外第一風險投資商，實在當不為過。

　　呂不韋由經商而經國，給後人留下了許多寶貴的「商經」。正如他所說的「奇貨可居」一語，後來已經成為一句成語。寥寥四個字，便道出了進行風險投資所必須遵循的基本原則。

　　呂不韋是濮陽人，濮陽是戰國時期衛國的首都，故址在現在的河南省濮陽市南。衛國曾經有過輝煌的歷史，不過，到了呂不韋的時候已經衰落得只剩下濮陽一座孤城，前景黯淡。呂不韋眼見國內無望，便出國尋求發展的道路。

呂不韋最先選擇的事業是經商，從事貿易。離開衛國以後，他就在韓國的舊都陽翟開始經商。陽翟就是現在的河南省禹縣。

　　在陽翟，呂不韋以低價買進，高價賣出，所以積累起千金的家產，成為天下數一數二的豪商，被稱為「陽翟大賈」。這時的呂不韋，大概也就三十歲左右，已經是家累千金，富可敵國，事業蒸蒸日上，前途一片光明。

　　大約在西元前二百六十二年，呂不韋為生意上的事情來到趙國都城邯鄲，並在這裡偶然發現一個氣度不凡的年輕人。

　　有人告訴他說：「這個年輕人是秦國太子安國君嬴柱的兒子，名叫異人，正在趙國當人質。」

　　當時，秦趙兩國經常交戰，趙國有意降低異人的生活標準，弄得他非常貧苦，甚至天冷時連禦寒的衣服都沒有。

　　呂不韋知道這個情況，立刻想到，在異人的身上投資會換來難以計算的利潤。他不禁自言自語說：「此奇貨可居也。」這就是已經成為漢語成語的「奇貨可居」。奇貨是指稀少珍奇的貨物，可居就是可以進貨囤積。「奇貨可居」，就是現在投資購進稀缺的商品，留待將來高價出售。

　　呂不韋不愧是一位國際級的大商人，他將異人作為投資對象來審視，精明地察覺出異人這一「商品」的價值。

　　呂不韋是老謀深算的投資大家，他認準目標以後，行動非常慎重。在邯鄲初見異人時，他聲色不露，只是在心中審度盤算。回到陽翟，他先作調查，蒐集有關異人各種訊息，經過仔細研究，再三計算核實以後，制定出一個大膽的投資

計劃，決定將自己的全部資產，投資到異人這個升值空間中去。

由於事關重大，呂不韋覺得需要同父親商量。他專程從陽翟回到濮陽老家，就擬定的計劃徵求父親的意見。在《戰國策·秦策》裡，留下了呂不韋與父親談話的片段。

這段談話的大意是這樣的，呂不韋問父親說：「投資農業，耕種收穫，可以獲得幾倍的利潤？」

父親答道：「十倍。」

他又問：「投資商業，買賣珠寶，可以獲得幾倍的利潤？」

父親答道：「一百倍。」

他再問道：「經營政治，擁立國君，可以獲得幾倍的利潤？」

呂不韋的這一句問話，就是他看中異人的價值所在，也是解答「奇貨可居」的關鍵。在呂不韋的眼裡，異人的商品價值，不是普通的商品價值，而是政治權力這種特殊商品的價值。

由此，呂不韋要從經營商業轉入經營政治，他要由買賣商品轉入買賣權力。他要投資異人，擁立異人成為秦國的國王，然後自己自然會從中得利。

對於一位商人來說，這可是破天荒的投資計劃。然而，這個投資計的利潤究竟有多大，他拿不準，他心中不安，他希望從父親的口中得到一個中肯的估計。

呂不韋的父親回答這個問題時只有兩個字：「無數。」

俗話說，「知子莫如父。」呂不韋將如此重大的問題，專程回家與父親商量，可見他對父親的敬愛與尊重，同時也可見他在重大問題上對父親意見的重視。呂不韋父子之間的情深義重、心心相繫的關係，也由此可見一斑。

得到父親的理解，呂不韋心中最後一絲不安消去。他辭別父親，立即動身前往邯鄲，將計劃付諸實施。

呂不韋首先拿出一大筆錢，買通監視異人的趙國官員，結識了異人。他對異人說：「我想辦法，讓秦國把你贖回去，然後立為太子，那麼，你就是未來的秦國國君。你意下如何？」

異人又驚又喜地說：「那是我求之不得的好事，真有那一天，我一定重重報答你。」

呂不韋於是拿出五百金送給異人，作為日常生活和交結賓客之用；又拿出五百金買珍奇玩物，自己帶著去秦國遊說。到秦國後，他計劃用重金賄賂安國君左右的親信，把異人贖回秦國。

安國君有二十多個兒子，但他最寵愛的華陽夫人卻沒有兒子。呂不韋很精明，沒有直接去見安國君和華陽夫人，而是採取了更穩妥更有效的迂迴策略：去找華陽夫人的姐姐。

呂不韋對華陽夫人的姐姐施展口才，說異人如何賢達，如何聰慧，廣交天下朋友，富有大志。雖然身處異鄉，但天天想念慈祥的安國君和賢惠的華陽夫人，有時到了深夜還思念得流淚。

呂不韋說到最後，見華陽夫人的姐姐被自己的話打動了，便請她將禮物轉交給華陽夫人。

華陽夫人接受了呂不韋替異人交給她的禮物，又聽說了異人對她和安國君的態度，便對異人有了好感。

呂不韋又勸說華陽夫人的姐姐去遊說華陽夫人，讓她儘早在二十多個公子中挑選一個好的作為自己的義子，並立為儲君。這樣一來，以後就能保住自己的地位。而異人便是最合適的人選。

呂不韋商人式的精明算計，正好是華陽夫人日夜耿耿於懷的心事，姐姐來了一提此事，正中下懷。於是，華陽夫人便利用安國君的寵愛，說服他立異人為繼承人。

事情辦成了，異人的處境和地位都發生了很大的變化：安國君和華陽夫人給了異人足夠的錢財，還讓呂不韋做他的師長，扶助異人。

從此，呂不韋便長住在了邯鄲，和異人一起廣交天下賓客等待回國做太子，更期盼以後繼承王位的那一天早點到來。

安國君即位後，是為秦孝文王，他馬上立異人為太子。秦孝文王在位不久即去世，太子異人即位為王，這就是秦莊襄王。

秦莊襄王非常感激呂不韋擁立之恩，拜呂不韋為丞相，封文信侯，並把河南洛陽一代的十二個縣作為封地，以十萬戶的租稅作為俸祿。

秦莊襄王去世後，太子嬴政即位。西元前二百四十七年，剛十三歲的嬴政便登上了秦王的寶座。這時的呂不韋權勢更大了，而且取得了「仲父」的稱號，這是當時的帝王對宰相重臣的最高稱謂。他食封大邑萬戶，還擁有上萬名家僮，財富巨萬。

為了擴大自己的影響，呂不韋召集很多的門客，讓他們蒐集史料，最後輯成一書。呂不韋認為此書包括了天地萬物古往今來的事理，所以就用自己的姓氏命名為《呂氏春秋》。

可以說，「投資」異人是呂不韋一生做的最大的最賺錢的一次生意，真正稱得上獲利無數。這個投資將「奇貨可居」發揮得淋漓盡致，令人拍案叫絕。

閱讀連結

呂不韋在趙國做異人的老師時，曾經用重金買來一位能歌善舞的美貌姑娘讓她與異人同居，因姑娘來自趙國，被稱為「趙姬」。西元前二百五十九年，趙姬生下一子，就是嬴政。趙姬生子以後，異人把她立為夫人。

秦國太子安國君繼位後，立異人為太子。異人便帶著趙姬和兒子嬴政回到秦國，老師呂不韋總算盼來了這一天，也隨行一同歸秦。嬴政就是後來的秦始皇。

秦始皇的父親異人曾得助於呂不韋，可見呂不韋當初對異人的「投資」其價值何等之大！

中古時期 商通四海

　　秦漢至隋唐是中國歷史上的中古時期。秦漢的統一，使商業活動開始通行四隅，官商與民商在其中扮演著重要角色。

　　魏晉南北朝時期，各分裂政權為了獲取策略物資採取安商政策，商業在一定程度上反而有了更大發展。隋唐的統一，對於中國境內外商業發展更具正面影響。

　　在秦漢和隋唐這兩個相對穩定的階段，由於空前統一、國力強盛，商貿活動日益頻繁，以至於形成了以中國為中心的東亞地區經濟體系。這是中國中古時期商貿的最大亮點。

▋秦漢時期商業的活動

■秦始皇畫像

　　秦王政統一中國後，統一貨幣，統一度量衡，統一文字，統一車軌。伴隨著這種統一局面的形成、鞏固和農業、畜牧業、手工業的發展，商業經濟也出現了繁榮的局面。

　　兩漢時期，伴隨統一局面的形成，政府實行「開關梁，弛山澤之禁」的政策，商業在秦朝基礎上有了初步發展。絲綢之路的開通更是促進了中外商業文化交流。

　　秦漢時的商貿活動，有官營和民營之分。在中原地區，在少數民族居住的地區和在邊界及遼遠的域外，也都有各具特色的商業活動。

　　秦漢時期商業能夠得到發展，首先是全國的統一，政治的穩定提供了良好的環境；其次，文字、貨幣、度量衡的統一利於各地區交流，促進商業發展；再次，道路等交通設施的發展提供了條件；還有國家經濟的發展，人民生活水準的提高。

秦漢時期商業的發展，體現在官營商業、民營商業，以及與少數民族居住地和世界各國的商業活動。

秦漢時期有官府直接經營的商業存在，郡、縣地方官府的機構，都有出賣其破舊器物及原料的權力。而重要資源鹽、鐵，更是官府經營的主要產品。

秦代官府經營商業的做法，到西漢初期，有所放寬，特別是關於鹽、鐵的經營。

漢文帝之時，允許私家出賣鹽、鐵，使官府商業的比重有所下降。但漢武帝時，又實行了官營鹽、鐵的政策，並擴大了經營範圍，乃至除鹽、鐵之外的金、銀、銅、丹砂和酒的生產和銷售，都進入了官府經營的領域。

漢昭帝之時，酒的專賣制度雖然取消了，但鹽、鐵的官營，一直循而未變。王莽統治時期，官營商業又進一步擴大。

東漢時期，雖然把鹽、鐵改為各郡國主管，實行了民營官稅的制度，但其他官府手工業部門，依然存在。個別的郡縣，仍然實行官府經營採礦、冶鐵和銷售的制度。如東漢初期的桂陽郡便是如此，以致一歲之入增加了五百餘萬，可見耒陽縣官營冶鐵的規模之大。

關於民營商業，在戰國時期，秦國就已經有了民營商業。秦獻公時「初行為市」，秦孝公時，都城咸陽已有市。所有這些情況，都說明秦國存在專門從事商業貿易的固定市場。雖然這中間也包括官府經營的商業，但民營商業也是其組成部分。

因此，秦國以及統一全國後，在官營手工業與商業之外，千真萬確地存在著民營手工業與商業。

到了西漢，民營商業獲得了很大的發展。究其原因，一方面同上承戰國以來商業發達的餘緒有關；另一方面是海內統一局面與獎勵政策的結果。加上漢初農業與手工業的恢復與發展，在各地區經濟發展不平衡和名產各異的情況下，大批農民，或出賣剩餘產品，或脫離農業走向手工業與商業。

在商業發達的情況下，漢代許多名產都成為了商品，如木材、竹子、楮木、野麻、旄牛尾、魚、鹽、漆、絲，楠木、梓木、生薑、金、錫、鉛礦石、丹砂、犀牛角、玳瑁、珠璣、獸角、皮革等。以致於在當時的大城市中，各種商品琳瑯滿目。

正因為任何名產都可以作為商品出賣而實現為私有財富，因此，在當時社會形成了一個普遍流行的概念：從事商賈之業，是致富的主要途徑。

由於民營商業的發達，唐代經學家顏師古所說的兩大類型的商賈進一步增多：一是所謂「行商」即流動性商人，他們打破地區與地區之間界限，周流天下；二是「坐賈」，即固定性的商人，這些人大都在城市裡設有固定的店肆，賤買貴賣，從中取利。

東漢時期，由於取消了漢武帝以來的鹽鐵官營制度，產鹽鐵的郡國雖仍設有鹽官、鐵官，但僅徵收租稅而已，其生產與銷售均由民間經營，故民間煮鹽、鑄鐵之業又興盛起來。

除了鹽鐵之外，其他商賈貿易，也相當昌盛，尤以洛陽為最。洛陽商業發達之狀況，表明當時全國各地的情況大都如此。

不過，東漢時期的許多富商大賈，同時就是大地主，而且以其田莊為基地進行商賈貿易活動，從而削弱了他們作為富商大賈的色彩。

秦漢時期與少數民族居住的地區和域外也有商業活動。這些地方見於記載的商業活動起源甚早。以少數民族居住的地區來說，雲夢秦簡中的「客」、「邦客」和「旅人」中，除了有從東方諸國來的商人外，也有從西北少數民族地區來的商人。比如秦滅六國時被遷徙於臨邛的趙氏、卓氏，還有著名的大畜牧業主烏氏倮。表明當時是在少數民族地區進行的貿易。

到了漢代，同北邊匈奴、鮮卑、烏丸等族和西南諸少數民族的貿易更為頻繁，與西南少數民族的貿易也比較發達。

此外，漢代透過陸上絲綢之路同西方諸國的貿易，尤為發達。早在漢代以前，中國透過河西走廊就與西方諸國發生關係。透過陸上絲綢之路，中國與中亞諸國的商業貿易頻繁，有利國用。

秦漢時期商貿活動，不僅強化了當時國人的商業觀念，而且加強了同周圍鄰國的友好交往。

閱讀連結

漢武帝曾經兩次派張騫出使西域，最初的目的是聯合大月氏和烏孫國夾擊匈奴，以消滅邊患。

張騫率使團訪問了西域的許多國家，廣泛開展貿易活動。西域各國派使節回訪長安，漢王朝和西域的交往從此日趨頻繁。

東漢派班超出使西域，他幫助西域各國擺脫了匈奴的控制，被東漢任命為西域都護，加強了西域與內地的聯繫。

班超首次將絲路從西亞一帶打通延伸到歐洲、到了羅馬，羅馬人也順著絲路首次來到東漢京師洛陽，這是目前絲綢之路的完整路線。

▌秦漢時期的市場管理

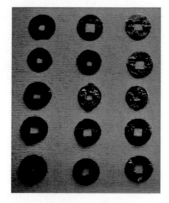

■秦代半兩錢

秦代由於國家統一，疆域擴大，社會經濟發展，當時對市場的培育有了顯著進展，此時已經陸續湧現出了眾多不同層級、不同規模的市場，各地市場以此為依託，相互之間的聯繫增多，但尚未形成全國性統一市場。

　　兩漢時市場管理的政策、法規，進一步加強。市區與住宅區嚴格分開，周邊有圍牆。市內設有出售商品的店鋪、官府設有專職官員市令或市長進行管理，按時開市、閉市，閉市後不許再有經營活動。市內的物價也由官員統一管理。

　　早在先秦時期，就已出現了城市市場和地方市場。城市市場多見於各國的國都。如齊國的臨淄有大市、中市、右市，燕國的易都有左市等。

　　秦漢時期，隨著社會生產力提高，商品經濟發展，交換領域擴大，商品市場在戰國的基礎上得到了延續和發展。當時從京畿到地方，從城市到鄉村，已出現了不同層級、不同規模的市場。

　　京畿所在地，既是政治中心，也是經濟中心，其中設有「市」。如秦都咸陽有鹹市，漢代西京長安設有九市，其中有柳市、東市、西市、直市、交門市、李裡市、交道亭市等。東京洛陽，設有三市，即金市、南市和馬市。

　　在京畿所設的這些市場，具有規劃整齊，店鋪林立，商賈眾多，貨源充足，商業繁榮等特點。各國首都如燕之涿薊、趙之邯鄲，魏之溫軹，韓之滎陽，齊之臨淄，楚之宛陳，鄭之陽翟，一般皆有商品市場，有的往往也成為跨郡、國的重要交易場所。

商貿縱觀：歷代商業與市場經濟
中古時期 商通四海

　　透過販運商人的運作，將各地的方物、特產、名優產品等互相調劑，實現流通。京畿市場的經濟意義具有明顯的消費性質，是全國的商貿中心。

　　區域性市場，主要設在一些經濟發達的交通要道之地。其交換範圍不受一郡一縣的限制，帶有明顯的地區性色彩。如曹市、代市、河市等，就是漢代泛指的大範圍的地區市場，而不是郡國專稱之市。

　　此類市場，面廣量多，漢代得到空前發展。據《漢書·地理志》、《續漢書·郡國志》載：西漢平帝時，凡郡國一百零三個，縣、邑、道、侯國一千五百八十七個。

　　東漢順帝時，凡郡國一百零五個，縣、道、邑、侯國一千一百八十個。依漢制，郡、縣築城，城中有市。

　　當時郡、縣市場的實例多見。例如：郡治市場有淮南市、會稽市、北海市、張掖市、酒泉市等。縣治市場有臨邛市、淮陰市、吳市、平陽市、湟陽市、襄平市、𥹃得市等。各個市場商店林立，市肆門垣，市樓、市隧齊備，市貌井然，交易頻繁，一派生機景象。

　　縣以下的鄉村、裡聚也有市。當時的鄉有鄉市。見於記載的，如「南鄉之市」、「西鄉之市」、「中鄉之市」等；裡有裡市，如「槐裡市」、「細柳市」等。就是鄉亭也往往有市，稱「亭市」。

　　秦漢時期京畿市場、區域性市場、郡、縣治市場和鄉、裡市場類型，表明多層級市場基本形成。這對推動社會進步，促進商品經濟發展，無疑具有積極意義。

當時的商品流通，受交通條件和運輸手段的制約較大。秦漢政權為加強政治統治，雖然致力於交通建設，當時以關中的京師為中心，開闢了數條幹線，向四面輻射，南北水陸交通有所改善

　　秦漢時期，在統一的中央集權制度下，各地經濟交往擴大，商品交換較前活躍，當時以大中城市為中心，各地市場聯繫在戰國的基礎上進一步加強。

　　商賈活動的地域範圍，主要集中在黃河流域的關中、三河、燕趙、齊魯等地區，但淮河、長江流域及嶺南，也有他們周流之所及。

　　秦漢時期，隨著中央集權體制的確立，市場管理在繼承前制的基礎上有進一步發展，有關的法制建設較前加強。

　　比如重視商品質量和平抑物價的立法。為防止偽劣商品充斥市場，當時注重商品質量的監督。凡市場上出售的商品，要符合質量規定，不合標準者，不得入市。同時，對市場的物價也加強了立法。

　　秦律規定：出售商品，要明碼標價，收接貨款時，必須立即把錢投入缸中，使買者見之投入，不得違令。到了漢武帝時，又創設「市平」制度：商品價格不可過高，商家應該以平價賣與民，不準商人抬高物價。

　　這些法律，在理論上是無可非議的。但在實際上的貫徹執行程度，乃另當別論，前已提及。同時，市場的商品種類繁多，質量千差萬別，不少商品仍需個別論價。

　　秦對度量衡的核驗是嚴格的，每年至少檢查一次。市場交換過程中，度量衡器如有差誤，要按照差值大小給予罰甲、盾的懲處。

　　西漢時要求做到：「雖五尺童子適市，莫之能欺。」東漢第五倫領長安市時，主持公道，百姓悅服。可見，秦漢政府對此自來就比較重視。

　　秦漢時期，除政府特許免徵之外，凡在市場上經商的人，皆需要交納市稅。為保證市稅的徵收，當時嚴禁走私活動。史載長安市有的商人犯死罪，究其原因，就是私自與來降的匈奴貿易和所賣之物觸犯了禁律，可見打擊之嚴。

　　除上述之外，秦漢時期，對市署、市籍、買賣契約、治安等方面，也曾有些法律規定。應該看到，這些立法對打擊市場上的不正當交換行為，促進商品經濟發展有積極意義。秦漢時期對市場管理的立法加強，對商品市場的交易會有好處，但不宜估計過高。

　　總之，秦漢時期從京城、郡縣乃至鄉邑湧現出了不同層級、不同規模而又為數眾多的商品市場，一些中心城市的市場，店鋪林立，商賈濟濟，交換頻繁。

　　各地市場之間，尤其是中原內腹之地的市場，彼此聯繫日趨增多。各地商品得到較大程度的對流。市場管理的政策、法規逐漸加強，對商品質量的檢驗、度量衡標準、打擊非法行商等方面，已有大致上的規定。所有這些，可以說均為商品經濟發展創造了良好條件。

第五倫少年時耿介而好義氣，曾率領鄉親據險要抗擊賊人。後來他以營壘首領去見郡長官鮮於褒，鮮於褒見到他後，很欣賞他的才幹，征為自己的屬吏。後來鮮於褒把他推薦給京兆尹閻興，閻興當即徵召他為主簿。

當時長安鑄錢的官吏多耍奸弄巧，閻興任命第五倫為督鑄錢掾，管理長安的市場。第五倫統一衡器，糾正斗斛，市場上再沒有弄虛作假，欺騙買主之事，百姓歡悅嘆服。

▎魏晉南北朝的貿易往來

■南朝在位時間最長的皇帝梁武帝畫像

魏晉南北朝時期，由於各個分裂政權紛紛採用安商政策以獲取策略物資，分裂反而使各區域市場之間的聯繫更加緊密，使對商人的控制更加軟弱。因此在這一時期的商業不但沒有萎縮，反而在一定程度上有了更大的發展。

這一時期貿易活動的發展，將中國商業推進一個新的重要歷史台階。

其具體表現是：市場類型多樣化，商人組織不斷擴大，及傳統的「重農抑商」政策效力有所減弱。

魏晉南北朝時期，儘管經濟發展呈現出斷續性和地區間的不平衡性，但從多方面情況來看，還是呈發展上升之勢。

各地在商品經濟發展的基礎上均已形成比較完善的區域性市場，市場之間的聯繫不再依靠行政權力，而是一種類似外貿的市場運作體系。同時，在長期的戰爭環境下，市場還被打上了軍事烙印。

魏晉南北朝時期，由於各政權在其都城均需要商品流通，建設商品市場成為他們的一項重要政務。

市場規模一般以廛、肆為主。廛比肆大，為某種貨物集中批發銷售之區；肆則相對較小，側重於零售。這種大型集市在這一時期一直延續下來。

除了這種集中的大型市場外，還有一些中小型專業性市場，如在洛陽東石橋南，有北魏朝時的馬市。

由於這一時期陸路和海路交通從未中斷，使得對外貿易活躍起來。南方的外貿口岸以廣州為主。當時中國南方貿易的國家有大秦國，有在今中印半島南部的崑崙國，南方透過海路進行貿易的還有朝鮮半島。

當時的北方市場以各政權的首都以及西域為主，採用的交易方式主要為互市和朝貢貿易。

由於這一時期基本處於分裂狀態，各分裂地區出於發展經濟、獲取策略物資和便利生活的需要，經常在各自的邊界開展互市，而且南北互市具有很強的互補性。

設立互市一般具有軍事目的，是為了能獲得對方的軍事物資。比如弓竿、漆蠟等主要用以製造軍器，因此各方對互市取慎重態度，反覆商討互市商品。對於私自互市者要進行嚴厲處罰，對於有關國防安全的商品，更是嚴禁並防止間諜冒充商人刺探機密。

當時還出現了比較特殊的軍市。由於動盪不安的社會環境必然導致戰爭的頻繁，軍事行動各方為了保證軍隊的日常用品和軍事物資的供應，便在軍隊所到之處設立市場，吸引商人，流通物資。

軍市是適應當時商品經濟發展的新形勢，在駐紮軍隊的地方，由軍隊出面設置軍市，軍市上的租稅收入也就供軍用了。這種辦法，對解決軍隊的經濟收入和當地居民的商品流通都有一定的好處，所以能夠出現和存在。

各政權不僅在其都城建設商品市場，完善市場管理也是一項重要政務。這一時期的市場管理也力求完善，主要表現在有專人負責，有健全的市場秩序，有正常的市場交易時間。

當時專門管理市場的官員稱「市長」、「市令」、「市王」，下屬有「市吏錄事」等。市令的主要職責是保證市場的運營秩序。有的分裂政權還設立了管理商業的中央機關，稱「商賈部曹」。

在市場秩序上，一些官府也抓得很緊。為了保證公平交易，市場還設立公平量器。市場均有一定的開罷市時間，當時一般按照古代「日出而作、日落而息」的作息規律，鼓為罷市，鐘當為開市之用。

魏晉南北朝時期，商人的成分複雜多樣。由於分裂動亂的歷史環境，封建禮法制度的約束力受到嚴重削弱，官僚階層和平民階層已很少顧忌傳統的賤商思想。

從皇帝開始，各社會階層均大量參與商業活動。既有民商又有官商，還有外商和皇商，形成一個結構鬆散、各階層參與的商人群體。

民商是當時人數最多的商人。構成民商的商人有世代從商者，也有臨時從者；其構成的資本有大有小，勢力視其與官府的聯繫程度有強有弱。

透過經商，一些普通民眾成為富比王侯的巨賈。也有些人經商是為了興趣和愛好。比如隱士投入到經商的行列，其經商目的或者盡孝或者濟友，也可稱之為商隱。

江淮是當時的南北征戰區，邊貿興旺，因此民商也多集中在江淮一帶。江淮估客已成為當時比較大的商人群體。

官商是商業資本最為龐大的一個商人群體。對於商業利潤的極度追逐，是形成官商群體的一個重要動力。除上層官僚致力於商業外，中下層官僚也追求商業利潤。

外商有時也稱胡商，多集中居住。隨著陸路和海上交通的發展，前來中國貿易的外商日漸增多，形成了一個很大的商人幫派。

這些外商在中國長期貿易後，出現了世代居住中國進行商業活動的情況，有的甚至參與政治活動中。

皇商包括皇帝本人和皇室親族均都經營商業。他們雖然不是專業商人，但是憑著皇家的勢力，能將商業規模做得很大。皇帝和太子經商是當時商業經營中的一大奇觀。

北魏皇室的商業實力很強，當時北魏孝武皇帝一次就賞臣子數區店鋪，耕牛三十頭。

皇帝本身也很貪財，對於商業利益的追逐是皇帝和太子經商的直接動力。在皇帝和太子的帶領下，當時的皇族普遍經商逐利。比如會稽地區就是劉宋皇室經商的重點地區。

魏晉南北朝時期，傳統的「抑商政策」雖然不利於商業經營者，但相比前代則要寬鬆得多。

抑商政策一直是中國古代社會的主流政策，在以南北分裂為主的魏晉南北朝時，這一政策也沒有放鬆。但是這種自上而下的政策，其實際作用是很有限的，比之兩漢大為減弱。

事實上，在戰爭時期，商業是溝通分裂各方的重要橋樑，也是促進當時經濟發展的重要推動力。因此，分裂各方在對商業進行抑制的同時，為了爭奪有限的策略資源，實行安商政策。

所謂安商政策，就是為商業經營者提供一定的保障條件，使其安心經營商業。比如對商人給予免收稅賦的優待。為了給商人一個穩定的經商環境，有些政權還對外商實行保護政策，使外商在旅途中更安全。

對官僚瘋狂追逐商業利潤的現象，有時皇帝和一些正直大臣也看不下去，他們從維持自己的政權的目的出發而給予批評並糾正。如宋益州刺史劉道濟在郡經商，中央政府警告他深思自警，但劉道濟仍不悔改，最後受到懲罰。

魏晉南北朝時期的商業經營，極具時代色彩，體現為商業倫理精神的弘揚和經商技巧的鍛鍊。在當時，一些有學問的經商者為了弘揚商業精神，體現商業文化內涵，他們透過經商，追求和實現自己的儒學抱負，表達自己的人格，崇尚商業經營的誠信原則。

這一時期的商業誠信在長期戰爭的環境中並沒有失去自己的本來面目。雖然戰爭助長了人們急功近利的經濟思想，但是在商業經營中注重商業道德，成為誠信典範，仍是當時不少商人的自覺行動，特別是他們對所售商品的質量毫不隱瞞。

與商業誠信並存的是商業經營技巧的高超。商業誠信和商業經商技巧二者在「道」上既相同又不同，在一定的條件下二者有可能達到統一。

有的商業經營者透過鍛鍊經商技巧，實現商業經營目的。還有一些中下層商人使用各種手段來增加銷售。有的以美女做酒店招待，以增加酒的銷量，如阮籍鄰家婦有美色，當街設廬賣酒，獲利頗豐。

有的重視商業訊息，透過掌握商業訊息來獲取商業財富。當時的商業技巧有很多是以商業誠信為指導，當然也有少數人違背了商業誠信。

總之，在魏晉南北朝時期，廣設市場並加強管理，各種身分的商人大量湧現，安商政策效力增強，商人大多注重商德和經商技巧，使這一時期的貿易活動呈現出持續發展的勢頭。

閱讀連結

　　阮籍是「竹林七賢」之一，不拘繁文縟節。對於舊傳禮教，竹林名士是不承認的。

　　阮籍鄰居家有個少婦，容貌姣好，當街賣酒為生。阮籍常常前來喝酒，一飲即醉，醉則側臥少婦身旁。少婦的丈夫每每看到，知道阮籍的為人，也不懷疑。

　　阮籍曾聽說有一個少女很有才色，不幸未嫁病死。他並不認識女孩家人，聞之才女夭折，便一路前去大哭一場，盡哀而還。

　　阮籍的嫂子要回娘家，阮籍與之當面道別。有人譏笑他，他說：「俗禮豈能為我所設！」

▌隋代發達的都市商業

■隋文帝楊堅畫像

在南北朝時期，由於南北在經濟交往、民族文化交流等方面逐步進入了大融合的過程中，國家的統一已經成為當時主要的發展趨勢。隋文帝楊堅適應了這種趨勢，建立了統一的封建王朝——隋朝。

隋代都市商業發達，是隋代都市商業繁榮的代表。

隋代興建的大興城和東都洛陽，不僅是全國政治經濟中心，也是貿易的重要城市。這兩座城市繁榮的商業景象，反映了隋代城市商業貿易的面貌。

隋代商業繁華的都市依序有大興城、洛陽、江都、成都和廣州，在當時的世界是罕見的。在這之中，大興城和洛陽城作為隋代兩京，最能反映當時都市商業的發展水準。

隋文帝楊堅平定天下後，便考慮建都立朝的事。他本身非常中意關中這塊地方，可關中的漢長安城經過幾百年的使

用，各種資源殆盡，加上它處於龍首原的北麓，地勢低窪，水裡含的鹽分高，不利於民生。

而且漢時處理垃圾的方法是掘土掩埋，導致地下水嚴重汙染。總之，這個城市歷經數百年的使用，已經進入了暮年。於是，隋文帝決定另建一座新城。

西元五百八十二年，隋文帝下旨在長安舊城東南方向，龍首原的南坡建造新都，緊靠鳳棲原，名「大興城」。他把建造新城的任務交給了左僕射高熲、將作大匠劉龍、鉅鹿郡公賀婁子干、太府少卿高龍叉等人。

隋代興建的大興城，成為後來唐代長安城的基礎，西元六百一十八年唐建國後，改大興為長安。

隋大興城內有東、西兩市，東為「都會」，西為「利人」，在皇城外東南和西南作對稱分佈。兩市是城內手工業和商業的集中地，店鋪林立，四方珍奇寶貨薈萃其中。

在隋初打通河西走廊後，隨著隋代與域外貿易往來的加強，大大刺激了中原和西域的交流，中原的商品遠銷歐洲，而羅馬、波斯等許多歐洲國家的商人居住在大興城，很多歐洲國家的使節也前往大興城朝拜。

大興城作為隋代帝都，尤其對於西域地區的胡人有著極強的吸引力。來大興城經商和生活的外來胡人雖數量眾多，但並非雜亂無序，而是在特定區域基於自身的民族身分、語言文字、宗教信仰等因素，逐漸形成了頗具特色的胡人聚居區。

　　事實上，當時的西域「胡商」以其獨特的地理條件，東進隋都大興城，西進中亞、西亞乃至歐洲，在自己獲利的同時，造成溝通中外、聯繫內地與邊疆的重要作用。

　　東都洛陽是隋後期的首都。洛陽地處中原，農業發達，交通便利，隋煬帝楊廣覺得是理想的建都之地，遂決意遷都。

　　西元六百零五年，隋煬帝下令營建東都洛陽城。負責營建的是擔任營作大監的尚書令楊素、納言楊達和擔任營作副監的將作大匠宇文愷。

　　宇文愷看中了洛河邊上，漢魏洛陽城和東周王城之間長約十五公里的土地，在這裡主持建造了洛陽城。西元六百零六年，隋煬帝將國都遷往洛陽。洛陽遂成為全國政治、經濟、文化和交通的中心。

　　洛陽城的興建也在一定程度上緩解了關中地區物資的不足。長期的開發與戰亂對關中地區的經濟影響還是很大，這時的關中在全國經濟中的比重已經遠不能與西漢時期相比了。後來唐代在將近三百年的時間裡也是以洛陽為東都。

　　在大規模營建東都洛陽的過程中，全國的物產如同浴缸裡拔了塞子的水一般，透過隋代運河迅速向洛陽傾瀉而去，洛陽城，成了整個國家財富的集散地。

　　為了充實城市，繁榮市場，隋煬帝大量遷入城市人口，又使得城市的糧食供應嚴重緊缺。隋文帝時所建的幾個常平倉已經遠水不解近渴，滿足不了洛陽城的龐大需求。為此，隋煬帝又在東都新建了含嘉倉、興洛倉和回洛倉來儲備糧食。

興洛倉和回洛倉的規模之大也是前所未有的：興洛倉在東南原上，周長十多公里，有三千個窖，窖容八千石以還，置監官並鎮兵千人。回洛倉於洛陽北，倉城周長五公里，有三百窖。僅糧食儲備如此，連鹽的儲藏量都非常驚人：大興城街西有子含嘉倉，倉有鹽二十萬石。

隋煬帝遷徙天下富商大賈數萬家於洛陽後，一時間，洛陽城內富商大賈數萬家，冠蓋如雲，百業俱興，熱鬧非凡。

由於有了洛陽城定都的政治地位和中心城市的地理位置，才有了大運河的開鑿。通濟渠、廣濟渠兩條運河由洛陽始發，向南一線連接餘杭，即今杭州；向北一線則連接涿郡，即今北京。在這之前，隋文帝時開鑿的廣通渠，連接了長安至潼關，向西的終點站也是洛陽。

運河的開鑿把由西向東的五大水系，海河、黃河、淮河、長江、錢塘江加以貫通，形成了南北向的人造運河與東西向的自然河流相互連接的水運體系，對於加強經歷數百年開發已經成為全國經濟重心的江淮、江南地區的聯繫，加強北方邊防的控制，具有深遠的意義。

這一運河網路把長江流域和黃河流域和今北京附近地區連成一體，從而使隋朝能夠以南方的糧食和其他物資供養宏大的都城長安、洛陽，並為北方邊境提供策略後勤保障，為南北的統一提供了具體而堅實的物質基礎。

事實上，整個帝國的水利工程如同一個蜘蛛網，洛陽城就在這個網的中央。洛陽也就成為南北經濟交流和物資集中的樞紐，因而集中體現了封建城市經濟的繁榮。

商貿縱觀：歷代商業與市場經濟
中古時期 商通四海

　　洛陽城是當時的世界中心，從東南西北遣使來朝的外國、外藩的汗王使臣，絡繹不絕，相銜於路。在西面，西域的四十四個酋長國，來朝見的就達到了三十餘國；在北面，奚、契丹、室韋、靺鞨，先後來朝；在東面，高麗、百濟、新羅與大隋的關係非常緊密，倭國也遣使小野妹子來朝；在南面，林邑、赤土、真臘、婆利也先後遣使來朝。

　　為了誇耀大隋的富強鼎盛，隋煬帝改革原來負責外交功能的鴻臚寺，增設四方館，專門招待來賓。一時間，洛陽城商胡雲集，店肆林立，成了世界政治、商業和娛樂的中心。

　　洛陽有豐都、通遠和大同三市。豐都市周圍四公里，通十二門，其中有一百二十行，三千餘肆，珍奇山積；通遠市臨通濟渠，周圍三公里，二十門分路入市，商旅雲集，停泊在渠內的舟船，數以萬計；大同市周圍也有兩公里之長，經商者很多。

　　像這樣規模宏大、商業繁華的都市，在當時的世界上是罕見的。洛陽的城市商業可謂盛極一時。

　　隋代大興城的興建，不僅是中國古代城市建設規劃高超水準的代表，堪稱「世界第一城」，也是當時國家的經濟實力和科技水準的體現。

　　而東京洛陽不僅成為當時的政治中心，更是經濟的重心。尤其是運河開通後，洛陽成為兩段運河的銜接點，成為南北經濟交流和物資集中的樞紐，都市商業更加發達。

　　隋代商業城市除大興城和洛陽外，還有一些地區性的商業城市。如廣州是南方最重要的海外貿易港口，達三點七萬

多戶。廣州所處近海，多犀象珠璣等奇異之物，令很多商賈在這裡致富。

長江下游南朝舊都丹陽，也是隋代重要的商業城市，有二點四萬多戶。丹陽是南朝京都所在，人口本來就多，商販也不在少數，他們市廛列肆，有與隋都二京一較高低之勢。

長江上游的成都，有十點五萬戶，也是隋代繁榮的商業城市。成都山川重阻，水陸匯聚，商業之繁華，幾乎就是隋代西南的小都城。

閱讀連結

傳說有一天，隋文帝見一隻非常漂亮的大鳥在宮殿上空盤旋，見到隋文帝后，頷首三下，向東南飛去。隋文帝趕緊和大臣們騎馬去追，來到了一個叫「鳳棲原」的小丘陵上，不見了大鳥的蹤影。

座下大臣有精通風水者，環顧四周，說：「這裡正是龍首原的南坡，是接受上天靈氣的絕佳之地，看來大鳥帶我們來此處必含深意啊！」

隋文帝心想：肯定是大鳥指引我，要我在此處建造都城。於是，隋文帝下令在這裡興建了國都大興城。

▎隋代對外貿易的發展

■隋煬帝畫像

　　隋代隨著農業、手工業的發展，商業貿易也出現繁榮的景象。此時的對外貿易，是在海、陸兩方面同時進行的，在西北是陸上貿易，在東南是海上貿易。

　　其中西北絲綢之路的陸上貿易尤其發達。透過此路，不僅可以到達亞洲西北部，而且遠及歐洲東部。透過海路，隋朝對東亞以及南洋諸國也有著貿易和友好關係。

　　隋煬帝親巡貿易之路，不僅在西部邊陲設置了四郡，還在絲綢之路上舉行中西商貿交易會，開世界博覽會之先河。使西北的陸上貿易活動有了更大的發展。

　　隋代在漢朝開通絲綢之路後，加強中原與西方的經濟聯繫方面，取得了重大的進展。隋煬帝對外實行開拓政策，廣招周邊各族、各國的使者和商賈到內地來，而西域各國的商人沿絲綢之路進入中原進行商貿活動的居多。

對於西北個少數民族來說，與中原王朝進行交易是一種有厚利可圖的生意，因此一些商人往往或隨同使節一同前來，以此獲得較一般正常的貿易更加大的利潤。

隋代大宛的獅子驄等，都是當時進貢中原的名馬種。這些名馬以及一般馬匹的獲得，中原王朝須得花費數量可觀的紡織品。

在與中原王朝進行貿易的少數民族商人及外商中，有一些人或打著「使節」的旗號，或隨同使節一同前往中原，以「進貢」的名義得到中原王朝的「賞賜」，從而獲得更大的商業利潤。對於中原王朝來說，也熱衷於這種貢賜貿易。

在當時，位於河西走廊中部的張掖，是中西商業交易的中心，充當著中外貿易的中轉站的重要角色，史稱「西域諸胡多至張掖交市」。

在交往過程中，隋政府採取相當優惠的政策，以此來鼓勵這種貿易活動。

當時的張掖受北面突厥、南面吐谷渾襲擾。平定突厥、吐谷渾，收復西域諸國、擴展疆域是隋煬帝西征西巡的根本目的。

隋煬帝曾經派吏部侍郎裴炬前往張掖主管互市貿易。裴炬是個很有心的人，他在管理絲綢之路的商貿活動中，親自訪問各地商人，瞭解西域各國的山川、風俗、經濟、政治等方面的情況，並將調查所得撰寫成《西域圖記》一書。這是中國古代關於新疆和中亞的專門地理著作。書中還附有詳細地圖，對兩萬餘里的絲綢之路作了相當有系統的記述和介紹。

商貿縱觀：歷代商業與市場經濟

中古時期 商通四海

　　當裴炬把這部著作呈獻給隋煬帝時，引起了隋煬帝對西域和絲綢之路貿易的極大興趣。他親自召見裴炬，詳細詢問瞭解那裡的各方面情況，並對裴炬的功績給予讚賞和嘉獎。

　　裴炬回到張掖後，更加努力經營互市貿易，優待西域客商，為其提供旅途方便及費用，採取積極措施，鼓勵和吸引西域商人到隋王朝重要的商業城市大興城和洛陽進行商貿活動。

　　為了保障絲綢之路的暢通，進一步擴大中西貿易，裴炬還上書隋煬帝，建議皇帝西巡，親赴張掖會見西域各國首領。

　　西元六百零九年，隋煬帝率大軍從京都出發，浩浩蕩蕩地到達甘肅隴西，然後西上青海橫穿祁連山，經大鬥拔谷北上，到達河西走廊的張掖郡。

　　這次西巡歷時半年之久，遠涉到了青海和河西走廊。在中國封建時代，皇帝抵達到西北這麼遠的地方，只有隋煬帝一人。

　　隋煬帝到達張掖之後，裴炬說服動員高昌王麥伯雅、伊吾吐屯及西域二十七國的使臣、商人前來迎接。隋煬帝又令武威、張掖兩地的仕女盛裝出來遊玩觀賞。

　　此時的張掖，遊人及車馬長達數十百里，各國商人也都雲集張掖進行貿易。這是一次盛況空前的中西商貿交易會，首開中國歷史上世界博覽會之先河。

　　隋煬帝此次西巡開拓疆土，安定西疆，大呈武威，威震各國，開展貿易，揚中國威，暢通絲路。是一代有作為的國君所為。

隋煬帝在西巡過程中，還置西海、河源、鄯善、且末四郡，進一步使甘肅、青海、新疆等大西北成為中國不可分割的一部分，實可謂意義重大。

由於絲綢之路的暢通，不僅使張掖的貿易市場更加繁榮昌盛，還促進了中原一帶貿易市場的興起和發展。如關中的歧州、西京大興城、東都洛陽等。從此，西域的高昌、焉香、龜茲、疏勒、於闐、康國、安國、米國、吐火羅等國家的商賈使者來往於大興城、洛陽一帶，絡繹不絕。

隋煬帝還派大臣杜行滿去西域，從安國帶回五色鹽。又派人出使波斯，回國時，波斯的使者、商人也隨至中原。

隋煬帝之前，中西交通的絲綢之路只有南北兩道。隋煬帝時期不僅以前的道路更加暢通，而且新增了北道，即新北道。

這樣，隋通西域的道路共有三條：北道出自敦煌至伊吾，經蒲頹、鐵勒部，度今楚河、錫爾河而達西海；中道出敦煌至高昌，經焉耆、龜茲、疏勒，越蔥嶺，再經費爾干納、烏拉提尤別等地而至波斯；南道出敦煌自鄯善，經於闐、朱俱波、羯盤陀，越蔥嶺，再經阿富汗、巴基斯坦而至印度各地。

閱讀連結

西元六百零八年，隋煬帝派裴炬和將軍薛世雄率軍屯駐伊吾。隋軍在伊吾城東另建一座新城，號新伊吾，就是現在的哈密回城。隋軍留下一千駐軍，以保護行旅及絲路之暢通。

西元六百一十年，隋政府設立伊吾郡，並在伊吾城之東北設立柔遠鎮，就是現在的沁城。

裴炬在伊吾建造新城時，當時西域各國使者不知道隋軍的用意。裴炬就對他們解釋說：「天子因為西域偏遠，交通不便，所以在伊吾另築新城，便利行旅。」

從此，伊吾新城成為中外使者的駐歇之所。

唐代商業城市的變遷

唐代商業城市的布局受到政治的很大影響。唐代社會經濟高度繁榮，商業貿易活動異常活躍，國內商業的範圍擴大到生活、生產的各個領域，對外貿易也有了長足的發展。這些方面在城市商業中都有鮮明的體現。

唐代前期，全國的商業城市仍然以長安、洛陽為首。唐代中期以後，經濟重心與人口重心向南方轉移，商業城市也逐漸轉移到南方。

■唐朝古都長安城復原模型

長安是唐的都城，原為隋代大興城。盛唐時期，長安已經成了當時世界上最大最繁華的國際大都市，盛唐時通常情況下城牆內有五十萬戶籍人口，極盛時城內人口達到百萬。

長安有外國使臣、王侯，有在長安供職的外國官員，有來華的學問僧和求法僧，有日本、新羅、渤海國的留學生。在長安的外國僧人中，日本僧侶為數最多，如空海、普照、圓仁等。日本留學生中最知名的是吉備真備、阿倍仲麻呂。

長安城中留居著大批的西域商人。除由回紇而來的一路外，在長安的西域商人，還有經由海道一路而來，其中多半是大食人和波斯人。他們先自南海到廣州、由廣州經洪州、揚州、洛陽而到達長安。

長安城中的西域商人，盛時總數達數千，組成為一個極富有的集團。西域商人經營珍寶致富，為數最多，同時也兼營高利貸。

西域商人是一個龐大的商業集團，在經商的同時，也把西域的風習帶來了長安。富商在東西方往來貨殖，同時也往來傳播著文化的種子。

唐代長安聚集著如此眾多的各行各業的各國人，這樣龐大的群體對商品的需求是可想而知的。長安商業的繁榮，對唐人說來，外域傳來的文化，都是開發耳目的新事物。對到達長安的各國人說來，唐文化也是啟迪心智的新見聞。

長安以縱貫南北的朱雀門大街為界，設有東、西二市。東市周圍有圍牆，四面各開兩門，市內東西、南北街均有兩條，交叉成「井」字形。各街寬度據考古實測均在三十公尺

以上。西市規模較小，周圍不築圍牆，市內也有井字形大街交叉。

東西市的周圍是商旅居住並兼作存放與批發貨物的邸店，市內則是陳列和出售貨物的肆，四方珍奇，皆有所列，商業很是繁盛。兩市中還設有茶肆、酒樓等飲食場所。

由於長安是唐的國都，也是黃河流域的交通中心，四方貢賦物產源源輸入，有相當部分進入商業市場，成為商品的重要來源。

唐代對洛陽是非常重視的。唐代洛陽商業非常繁榮。唐代洛陽是絲綢之路的東端起點，又是水陸交通的樞紐，外國商人經由廣州、揚州而抵達洛陽，然後去長安。可以想像當時洛陽的盛況。

唐代前期的洛陽，商業也很發達，有南、北、西三市。南市即為隋代豐都市，內有一百多行，數千店鋪，積貨如山。

北市即為隋代通遠市，臨近通濟渠，渠內舟船穿梭，載人運貨，一派繁忙。西市即隋代大同市，周圍有兩公里，其中有一百四十一個小商業區，商業較隋代更為繁榮。

總體而言，唐代前期的商業重心仍在黃河流域。如通濟渠沿岸的汴州，地處淮湖咽喉，舟車漕運，極為繁忙。而宋州則有九萬戶，街道兩旁高樓林立，天下舟車往來，當地人和外地人經商者甚多，是北方重要的商業城市。與此相類似的還有永濟渠畔的魏州與貝州，也是河北地區的商業城市。

唐代中期以後，北方遭受戰亂的破壞，而南方的經濟則保持穩定並繼續發展。隨著經濟重心與人口重心的向南方轉

移，商業城市也逐漸轉移到南方，尤其是長江流域的許多州城成為新的商業城市。

長江下游的揚州，因為處於南北大運河與長江的交匯點，百貨所集，列置肆鋪。甚至到夜間，商業活動仍未停止，可以說是少有的不夜城了。

唐代詩人張祜在《縱游淮南》中寫道：

十里長街市井連，月明橋上望神仙。人生只合揚州死，禪智山光好墓田。

有的人甚至把「腰纏十萬貫，騎鶴上揚州」當作人生的追求目標。可見當年的揚州乃人人嚮往的遊冶勝地。

揚州多珠翠珍怪之產，因而富商大賈眾多，成為唐代後期南方重要的農業與手工業產品的生產與交易中心，以及巨額貨幣資本的流通中心城市。

與揚州齊名的是長江上游的成都。唐代後期，因為揚州與成都號為天下繁侈之地，當時流行著「揚一益二」的俗語。

成都位於號稱「天府之國」的川西平原上，物產富饒。作為長江上游最重要的商業城市，成都的商業輻射範圍，遠至河西及隴右、劍南諸州。

除揚州和成都外，唐代中期以後南方的重要商業都市還有潤州、杭州、越州、江州、荊州、鄂州與廣州等。潤州在唐代是三吳之會，有鹽井銅山，有豪門大賈，是長江下游的又一商業城市。

錢塘江下游的杭州是東南名郡，商業發達。杭州地處吳越的咽喉要道，又聯通江海，人民富有，人口眾多且增長快速。水路通向邊遠地區，陸路連接山區和平原，大運河上並排停泊的商船長達十公里，運河兩岸開的店鋪有三萬家。呈現出繁榮富有，交通發達的景象。

浙東的另一名郡越州，其銅鹽材竹之貨，舟車之委輸，輻射四方。

位於鄱陽湖口的江州，是唐代中期以後茶商聚集的地方，舟船連檔。在昌江流域的祁門一帶，販茶者十有七八，而浮梁的茶葉每年則達七百萬馱之多。這些巨量茶葉透過鄱陽湖水道運出至長江，江州成為茶葉水運的重要轉口商港。

荊州是長江中游的水陸交通樞紐，中唐以後的人戶不低於十餘萬戶，商旅繁盛。據記載，唐德宗時江陵度支院失火，結果「燒租賦錢穀百餘萬」。

漢水與長江交匯處的鄂州，扼長江中游航運要衝，萬舸連帆，因而商業繁榮，貨貝山積，是長江中游唐代中期以後新興的商業都會。

珠江流域的廣州則是傳統的海外貿易中心，商業十分繁榮，也是奢侈商品最為集中的商業城市。當時，廣州不僅是中國對外貿易第一大港口，而且是世界東方的大港和國際城市，以「廣府」聞名中外。其對外貿易超過了以往任何一個朝代。

由於南方經濟地位的上升與人口的增加，唐中央政府對工商業進行調整，以至於全國商業重心逐步南移。

閱讀連結

唐代志怪小說家段成式《酉陽雜俎》中，記有西域商人辨識珠寶的故事：

長安平康坊菩薩寺僧為人設齋，齋畢得一物，長數寸。寺僧到長安西市找西域商人。商人一見大驚，決定買下。寺僧要賣百千，西域商大笑。僧加價到五百千，西域商竟付與一千萬，說這是寶骨。

故事是否真實不可知，但當時西域商善識珍寶，並且操縱著珍寶業，卻是事實。

唐代繁榮的對外貿易

■唐太宗李世民畫像

唐朝是中國歷史上一個強大鼎盛的朝代，農業和手工業的發展，促進了商業的繁榮和內外交通的發達。當時以長安

為中心，設置驛路，貫通於全國各地，進一步刺激了對外貿易的發展。

唐太宗李世民大力倡導，接納少數民族和外國人，甚至為了對外交流和國際貿易，可以給予外國人超國民待遇。並且唐代允許境外的貨幣在國內流通，以此方便外國人在中國的經貿活動。

大唐一代，「盛唐氣象」的恢弘、博大與開放，成為這一歷史時期的象徵，也成為中國歷史上最繁榮的時期。

開展對外貿易必須首先擴展對外交通，這是最基礎的一項工作。唐代在擴展對外交通方面無疑是極為成功的，既有陸路交通，也有海上交通。在這方面，史書多有記載。

在陸路交通方面，據唐代賈耽撰寫的《皇華四達記》記述，當時通往周邊民族地區的交通幹道，主要有安東道，高麗、渤海道，大同、雲中道，回鶻道，西域道，天竺道，廣州通海夷道。此外，還記有從長安分別通往南詔的南詔道和通往吐蕃的吐蕃道。

上述道路，西向可通往西域，穿越帕米爾高原和天山的各個山口，到達中亞、南亞與西亞，甚或遠至歐洲，即著名的陸路「絲綢之路」。

唐代對外貿易的繁榮興旺，還表現在海上交通與貿易的發達。後因戰亂陸上絲綢之路交通受阻，海上交通與貿易的發展顯得更為重要。

據《新唐書·地理志》記載：「廣州通海夷道」，已能通往印度洋，直達波斯灣，全長十多公里。此航線，中國和亞

非各國商船往返不絕，促進了唐朝與阿拉伯國家、東南亞各國的貿易往來。

「海上絲綢之路」的興起，也是基於唐代海運事業的發展。據《新唐書閻立德傳》記載：唐貞觀時閻立德在洪州造「浮海大船五百艘」。

除了擴展對外交通，唐代在國家統一後走對外開放的政策，以及唐政府採取了必要的政策和措施保證，是對外貿易繁榮的根本所在。

唐代在「貞觀之治」與「開元盛世」時期，社會經濟穩定發展，貫通南北的大運河，使西北政治中心、東北軍事重點防禦區和南方經濟富庶區聯結起來，大大加強了南北的經濟文化交流和相互促進。

這些都為開放的國策奠定了物質基礎，使得國人在面對外來文化和商品衝擊時具有充分的自信心。

唐太宗李世民對華夷觀念主張「華夷一家」，這一觀念不僅是對前人的超越，也對後世制定國策產生了深遠影響。在唐代，「萬國」、「四海」、「華夷」、「蕃漢」、「胡漢」等名詞使用的頻率很高，體現了一種開放的態勢。

在這樣的觀念下，整個社會呈現出一種全面發展的局面：地域向外拓展；民族遷徙與民族融合有了新的進展；在文化上汲取與推廣並行；在科舉制下的人才選拔；社會觀念和社會風俗開放，包括婚姻、家庭、女性、娛樂、休閒、節慶的調整與包容等。

　　唐政府還實行必要的政策和措施保證。首先是設置專門的官署，以適應對外貿易發展的需要。

　　為適應對外經濟貿易由西北內陸向東南沿海的轉移，從陸路絲綢之路向海上絲綢之路的轉移，唐代除原有接待外來人士的鴻臚寺，還設立了管理邊境貿易事務的互市監，中央和地方官府還採取一些變通的措施，鼓勵外籍商人在邊境地區進行民間自由貿易。並設立了管理沿海貿易的市舶司等機構，以適應海陸貿易的發展。

　　其次是對外籍商人在政治、經濟上實行多種優待政策。比如：對外籍工商業者、藝人和宗教人士進出，以及外籍商人在唐代民間的經營方式和經營內容，實行比較寬鬆的政策；在商品交易中實行開放式的貨幣政策，很多境外貨幣可以在唐代流通；尊重外籍商人的習俗和信仰；透過減免稅收的政策鼓勵外籍商人入唐長期從事經營等。

　　統一而又富強的唐王朝，採取對外開放政策，並為此制定相應的政策和措施，無疑會使唐王朝對外貿易蓬勃發展。

　　外商運進中國行銷的商品種類主要是珠寶、玉石、香料、稀有珍奇動物、藥材、馬匹以及名產品，運出的主要是中國的絲綢。

　　唐中期以後，瓷器逐漸成為對外出口的大宗，海運的發展也為運輸瓷器這類質重易損的商品提供了便利條件。因此，有人將海上絲綢之路又稱為「瓷器之路」。在朝鮮、日本、東南亞、南亞、西亞、非洲都出土了大量唐代和五代的瓷器。

這時期商品經濟的發展不僅表現為總量的增長與市場的開拓，也表現為深層次的滲透。各國、各地區的聯繫日趨廣泛，商業貿易需求推動著東西方以及亞洲大陸內部更為密切的交流。唐代把握住了商品經濟的契機，對外貿易呈現出新的面貌。

據記載，唐末在廣州從事貿易活動的外國人有一個時期竟達十二萬人以上，他們帶著香料、藥物和珠寶，換取中國的絲織品、瓷器等物。「海上絲綢之路」的興起，也是基於海運事業的發展。

隨著唐代對外貿易的發展和深入，大量外商湧入中土，在城市工商業群體中佔有相當數量，這是唐代外貿經濟的重要特色之一。

在外商中，既有萬里求寶賣珠的行商，也有開店設鋪的坐賈；既有在民間遊走的私商，也有以朝貢名義開展變相經貿活動的官商。「胡商」、「胡店」、「胡餅」、「胡姬」等名稱正是現實的反映。

大城市有專門接待胡商的邸店和住坊，有單獨為胡人居住的蕃坊。往來居住的外商在中國的活動範圍很大，幾乎所有水陸交通發達的大中城市都有他們的足跡。也可以說，凡是外商經常出入或聚集人數較多的城市，必是商業或轉輸貿易興盛的城市。

唐代對朝貢使團有很多優待政策和措施，如根據路程遠近給付資糧，安排住宿，饋贈物品，允許入市交易，邀請參

加皇帝舉辦的「宴集」。據統計，南亞、中亞與西亞來唐使團共三百四十三次，每團少則數人，多者可達數百人。

當時，與唐發生聯繫的國家和地區有三百多個，包括周邊少數民族政權，周邊內附少數民族部眾，與唐有藩屬關係的國家和獨立政權，甚至極其遙遠的地方的國家。

總之，唐王朝使對外貿易範圍廣泛且具有連續性，貿易通路眾多而內容豐富。與此同時，在交往過程中形成了中華文化圈，對世界文明的發展作出了重大貢獻。

閱讀連結

唐代透過海路去日本有三條路，一條從登州出發，渡渤海沿遼東半島東岸和朝鮮半島西岸到日本；二是由楚州出淮河口，沿山東半島北上，東渡黃海、經朝鮮半島達日本；三是由揚州或明州出海，橫渡東海，直駛日本。

到南亞的海路，從廣州經越南海岸，後過馬六甲海峽到蘇門答臘，由此分別到印尼的爪哇、斯里蘭卡、印度。

到西亞的海路，從廣州出發，經東南亞，越印度洋，阿拉伯海至波斯灣沿岸。唐朝還初步開闢了到埃及和東非的海上交通。

近古時期 內外商貿

　　從五代十國至元代是中國歷史上的近古時期。這一時期,分裂年代與統一年代不同的商貿方式,鮮明地體現出時代特色。

　　在五代十國這一分裂階段,國內外貿易交流沒有因戰亂而終止,反而因戰爭所需刺激了商業的發展,境內商品化生產及對外貿易都有不同程度的發展。

　　宋元

　　王朝統一天下後,中國商業貿易呈現出更為強勁的發展勢頭。兩宋時的榷場貿易和海外貿易,以及元代商品化程度的深度和廣度,都在中國商業史上留下濃墨重彩的篇章。

▌五代十國的商貿特點

　　五代十國時期商業貿易的特點，主要表現在貿易形式和商品種類兩個方面。

　　在貿易形式上，國內各區域間的貿易比較興盛，南北方的貨物交流一直沒有間斷；對外貿易也很興旺，東自高麗、日本，西至大食，南及占城，都有商業往來；官營商業有所發展。

　　在貿易商品種類上，用於貿易的商品種類與唐代相比，農產品商品化的趨勢不斷擴大。

■五代十國時期的貨幣天府策寶

　　五代十國時期儘管諸國林立，兵禍連年，但通商貿易、互通有無是大勢所趨，各政權區域間的貿易交往比較興盛。

　　國內各區域間貿易頻繁，與當時國內政治有著直接關係。當時南北各地同時有大大小小的若干政權存在，由於各地自然條件的不同，物產各異，為了鞏固政權，發展經濟，便不能不重視商業貿易，加快商品的流通。因此，各國政府無不重視促進區域間物流的暢通。

吳國楊行密獲楚王馬殷之弟馬蜜，便將其送歸楚國，目的在於溝通商賈，互通有無。後晉高祖石敬瑭也曾下詔：淮南、西川兩處邊界，今後不得阻滯商旅。南唐皇帝曾經主動致書後漢「請復通商旅」，恢復因叛亂而中斷的南北商業貿易。

　　周世宗更加注意發展區域間的貿易，多次頒布敕令要求加快商品流通，鼓勵各地間的通商。周世宗還採取了對部分商品免稅減稅的政策，以促進貿易的發展。所有這些政策的實施，都在一定程度上促進了區域間商業貿易的繁榮與發展。

　　在這一歷史時期，各區域間的貿易規模也是很大的，如後唐明宗準詔「放過淮南客二百三十人通商」。割據於嶺南的南漢境內亦有嶺北商賈活動，而且人數亦不少。

　　另據記載，周世宗進攻南唐的淮南地區時，令軍士偽裝成商賈而渡淮襲取臨淮城，其人數必須要達到一定的規模，人數過少則無濟於事，這也印證了平時往來於淮水南北販運羊馬的商賈人數一定不少。

　　正是因為南北貿易規模較大，所以後周在疏通汴水以通航運後，曾在汴梁進行了大規模的營建。其實擴大汴梁城郭，也就是為了適應商業發展的需要。

　　區域間商業貿易的擴大，並不意味著坐地列肆式的交易就不再重要了，在任何一個歷史時期這種貿易形式都佔有重要地位。只是因為這一時期區域間貿易發展較快，與其他歷史時期相比較突出而已。

商貿縱觀：歷代商業與市場經濟
近古時期 內外商貿

　　五代十國時期，由於中原王朝疆域縮小，對許多原本隸屬的民族不再擁有管轄權，朝貢關係也隨之中斷。即使仍保持關係的一些民族，貿易額下降的幅度也是很大的。

　　這種情況主要是指與唐代相比而言的。在唐代內地與周邊民族的貿易非常繁榮，突厥、吐蕃、契丹、党項、回紇、室韋、靺鞨、南詔及西域中亞各族都與內地保持了比較密切的貿易關係，而且朝貢貿易也十分興盛。

　　五代十國時期，對外貿易也很興旺，陸路貿易線路向北轉移，這就是「草原絲綢之路」。其具體走向是：透過今山西、陝西北部、內蒙古，再向西行；或者經今陝西北部、寧夏北部、內蒙古、唐努烏梁海，再向西行，到達今新疆北疆地區。

　　這條線路還可以經中亞草原直通歐洲。其中碎葉城就是東西商貿的集散地，由此向西南至阿拉伯海、地中海，向西北經中亞草原，越過烏拉爾河、伏爾加河直至歐洲。

　　由於這條路線曲折偏僻，道路險阻，所以每年的貿易額有限，遠不如傳統的絲綢之路繁榮興旺。

　　在五代十國時期，中國的對外貿易主要是透過海上交通線進行的，同時對外口岸和貿易額都發生了較大的變化。

　　從貿易口岸的數量看，除了原有的廣州外，還增加了泉州、福州、杭州、溫州、明州、臺州、金陵、揚州、登州、萊州等港口。

　　金陵、揚州由於是透過長江口與海外進行貿易，故其對外貿易的繁榮程度比不上其他沿海城市。福州與泉州港都隸屬於閩國，也都是這一時期新建的對外貿易口岸。

杭州、溫州、明州、臺州等商港，都位於吳越國境內，對外貿易比較頻繁。其中的杭州是盛極一時的對外貿易的大港口，許多商船從這裡出發，駛向新羅、日本乃至遠航至占城、大食。

　　五代十國時期，官營商業也有所發展，主要表現在對一些特殊物資的控制上，而且經營規模較大。

　　如楚國直接經營茶葉貿易的情況，吳國楊行密曾派遣軍將把萬斤茶貨運往汴州售賣，後漢派三司軍將路昌祚到湖南販茶，適逢南唐滅楚，被俘至金陵，南唐政府問明情況後，根據損失的茶葉數量，補償其一點八萬斤。以上這些都是官府經營商業的例子。

　　不僅內地存在官營商業的現象，即使在少數民族中也有官營商業的情況存在。如契丹曾派人以羊三萬隻、馬兩百匹赴南唐販賣，就是一種政府行為。

　　大批官僚上到皇家成員、後晉貴族，下到地方官員參與了商業經營，這雖然是一種個人行為，與政府無涉，但其經營之廣，規模之大，加之其所具有的政治背景，成為一種重要的經濟現象。

　　五代十國時期，主要表現在農產品商品化的趨勢不斷擴大上，從而使商品的種類進一步增加。

　　這一時期，南北方的貿易從唐代的以糧食、絹布為大宗貿易商品而轉變為以茶馬為大宗貿易商品，即北方的羊馬與南方的茶葉相互輸出。

隨著飲茶風習的盛行，飲茶風習逐漸由上層向社會下層普及，遂使其所需茶貨數額有了較大的增長。因此，茶馬貿易逐步發展，後來成為內地與周邊民族貿易的最主要形式。

五代十國時期，海外輸入中國的商品主要是香料、珍寶、藥材、象牙等質輕而價重的商品。這一點與唐代相比並無大的變化，所不同的只是由於海上交通的發展，輸入量有了較大的增長。

最大的變化在於中國對外輸出的商品種類，除了傳統的絲綢外，茶葉、陶瓷以及銅鐵製品等都成了對外輸出的大宗商品。

五代十國時期，北方經濟發展落後於南方，而南方諸國經濟的變化主要表現在農業中經濟作物生產的不斷擴大上，從而為商業貿易提供了不少新的商品種類。

在當時，除了茶葉、桑蠶生產繼續發展外，在蔬菜、水果、養蜂、養魚、種藥、花卉等行業都出現了專業化生產的發展趨勢。反映了當時商品種類的增多情況。

比如許多農民變為專業化的菜農，以種菜賣菜為生活來源。再如因南方水果大量向外地銷售，出現了專門從事水果經營的商人。

閱讀連結

楊行密是吳國奠基人。江淮之間本為富庶之地，但是經過長期混戰，早已經變得瘡痍滿目。為解決財政困難和物資

短缺的問題，楊行密本想透過以茶鹽換取民間布帛的方法來充實軍用。

這時幕僚高勖建議：兵火之餘，十室九空，應該召集流散，輕徭薄賦，勸課農桑，使社會經濟在戰爭的間隙獲得恢復。

楊行密採納了該意見，透過與外地開展貿易的辦法來籌募軍費，結果未及數年，公私富庶，為吳政權奠定了堅實的物質基礎。

▌兩宋城鎮商業的繁榮

■宋代紙幣「交子」

經歷了經濟文化繁榮的隋唐，宋朝成為中國歷史上經濟最繁榮、科技最發達、文化最昌盛、藝術最高深、人民生活水準最富裕的朝代。宋朝是中國古代唯一長期不實行「抑商」政策的王朝。

商貿縱觀：歷代商業與市場經濟
近古時期 內外商貿

　　在宋代，由於社會商品經濟的迅速發展，城市的經濟功能有了進一步加強。在城市建設上，那種傳統的坊裡制度逐漸被打破，出現了臨街設店的景象。

　　而在中國商品流通的歷史上，產生並逐漸推廣了紙幣「交子」，「交子」的出現與應用，更是進一步推動了兩宋商品經濟的發展，特別是推動了商貿的大發展，奠定了中國商業的基礎。

　　城鎮的興起是商業發展的結果，它是由貿易集市發展而來的。兩宋發達的集市貿易在城市商業中得到了集中體現。

　　兩宋城市在前代城市基礎上得到進一步發展，並出現許多新特點，致使宋代成為中國城市發展的又一個重要歷史時期。

　　首先，宋城繼承和發展了自唐都長安以來的中國古代大城市建設經驗，城市規劃相當科學，城市功能區劃清晰合理。

　　其次，宋在城鎮規模上空前盛大，人口繁密，北宋都城開封和南宋都城臨安人口達百萬以上。

　　再次，城市商業功能強化，兩宋時期城市工商業空前發達。

　　城市的發展受多方面因素影響，其中商業對宋代城市發展造成了相當積極的作用，對城市社會經濟結構、思想文化、生活方式等各個領域都產生了巨大而深遠的影響。

宋代社會生產力飛速發展，促使城市經濟快速發展。城市工商業極度繁榮，生產力水準提高，是第二三產業得到了極大的發展，人民生活水準達到了空前的高度。

在手工業方面，兩宋時期也較隋唐發達，產品種類的不斷擴大，以及分工更加細密。主要表現在礦冶、陶器、造船、兵器、紡織、造紙、製鹽、製糖等。而空前發達的海外貿易，促進了雙邊貿易的發展，加速了貿易口岸城市經濟的發展。

由於商業的快速發展，城市的經濟動能有了進一步加強。在宋代，中國首次出現了主要以商業，而不是以行政為中心的大城市。這一時期許多以政治為主的城市已逐步演變為政治、經濟並重的城市，城市類型開始多樣化。

從經濟角度看，兩宋時期的經濟性城市類型大體上可以分為工商型城市、商業型城市和手工業型城市等類型。例如，北宋時期開封是重要的工商業都會，南宋國都臨安等地是當時全國最主要的絲織業中心。

北宋末畫家張擇端所繪《清明上河圖》，更是形象地描繪了北宋東京開封商業的熱鬧場面。

新的城市功能與新的城市建設相互促進，商業功能的強化對城市商業配套設施提出更高要求。兩宋時期城市建設上最大的特點是城市布局打破「坊」、「市」界限，商業活動不再受區域限制。

在唐代達到頂峰的裡坊制度逐漸鬆動瓦解，坊牆被突破，街道的商業形態誕生並帶來了蓬勃豐富的城市生活，並出現

商貿縱觀：歷代商業與市場經濟

近古時期 內外商貿

了夜市和早市。到北宋中期以後，一些城市的中心形成了商業街，逐漸形成了商業街交織連貫的商業格局。

當宋代坊牆被打破，坊的管理制度不再存在時，城市的肌理在人的認知上發生了巨大的變化。商業的發展促使城市商品運輸交通的發展，水陸交通發達為人類封建史之最。

北宋都城東京的居民已面街而居，在街上開設店鋪，出現了工商與居民雜處的局面。以後，隨著店鋪的日益增加，形成了若干條商業街，商業街成為主要的貿易場所，終於取代了昔日的市。北宋東京汴梁（就是大家熟知的開封府）徹底改變了唐以前的坊市制度，開闢了中國封建社會城市商業發展史的新階段。

北宋都城東京開封，自五代後梁建都以後日益繁華興盛，到北宋時已發展為當時世界上百萬人口的特大城市，商業也空前繁榮。

開封城內形成幾個繁華的商業街區，宮城正南門宣德門前的南北向大街稱為御街、天街，自州橋出內城正南門直至龍津橋，是主要的飲食業中心之一。

城內著名的酒樓、飯館，藥店、樓房等林立，諸酒肆瓦市，不因風雨寒暑而停，有的甚至通夜營業。

東京城內的商業繁華情況，南宋初的孟元老在《東京夢華錄》中還有很詳實的記載。

宋室南遷，定都臨安府，稱為「行在所」，是南宋的政治中心，全盛時人口達百萬，取代北宋的開封成為當時世界上最大的都市。

南宋時，隨著農業、手工業以及整個社會經濟的發展，城鎮商業也更為繁榮。

新興的商業鎮市已徹底改變了舊有州郡規格和性質，由區域的單一政治中心變為政治、經濟雙重中心。這類本設於城鎮之外的草市，隨著「坊市合一」的歷史進程也逐漸融於都市之中。

與此同時，隨著城市經濟的發展，強烈的商品意識在社會中滋長與蔓延，並無孔不入地向社會生活的每一個角落滲透。坊市合一、宵禁廢弛，作為城市社會主體的市民階層表現出旺盛的生活熱情和慾望，創造出帶有明顯商品化色彩的都市文化生活，嶄新的都市文明從此誕生。

在臨安城內主要的商業街市上，珠玉、珍異及花果、時新海鮮、野味、奇器盡集於此。以至在朝天門、清河坊、中瓦前、灞頭、官巷口、棚心、眾安橋等地食物店鋪林立，人頭攢動。

南宋孟元老所著的《都城紀勝》中，記載和描繪了臨安府城的商業盛況。臨安城所需米「賴蘇、湖、常、秀、淮、廣等處客米到來」，「杭城常願米船紛紛而來」。商船買賣往來，不絕河道。

這些是臨安城所需部分商品的產地及經水運到達的情況。臨安城當時的商業盛況，在其他史籍中也有記載。

開封、臨安是北宋和南宋的都城，是全國的政治中心，成為全國最大的城市和最繁華的商業市場。其他城市則各路

首府所在地的府、州城，既是該路的政治中心，大體上也成為路內最繁榮的商業市場。

在當時，各府、州、縣城及鎮市的商稅額數的多少，在一定程度上反映了這些府、州、縣城及鎮市的商業繁華程度。

西元一零七七年，各路府州縣及鎮市的商稅額，二十三路首府的商稅額相差較大，以兩浙路首府杭州最多，達八點二萬多貫，而最少的廣南西路首府桂州只有六千六百多貫，還不及杭州的十分之一，大多數路的首府商稅額都在三萬貫以上。

從各路所屬州、府城市及鎮市「商稅額」的情況來看，長江流域的商業最發達，其次為黃河流域，珠江流域最不發達。長江流域中最發達的是太湖流域，除杭州外，兩浙路所屬的蘇州為五點一萬多貫，湖州為三點九萬多貫，秀州二點七萬多貫，常州二點六萬多貫，潤州二點五萬多貫，江南東路首府江寧府四點五萬多貫。

另一個發達的地區是以成都為中心的川西平原，成都府城六點七萬多貫的商稅額，在二十三路首府中居第二位。附近的漢州為四點八萬多貫，綿州為五點四萬多貫、彭州超過三萬貫，而且這些府州屬縣包括少數鎮中有不少超過一萬貫，成都西南不遠的廣都縣更達到二點二萬多貫。

上述這些情況，不僅反映了南宋時期川西平原經濟的發達，更直接反映了城鎮商業的興盛。

　　北宋東京出現了娛樂場所「瓦肆」。東京有數十個稱作「瓦肆」的娛樂場所和五十多個稱作「勾欄」的表演場所。其中，大的瓦肆可以容納顧客數千人。

　　這些場所，每天都吸引了大批的顧客和觀眾，既有眾多的市民，也有官僚、士大夫涉足其間。

　　娛樂活動也很豐富，有演戲的，說書的，還有表演雜技、摔跤、踢毽子的。其中，常見的戲種有傀儡戲、皮影戲、參軍戲。瓦子不僅是娛樂場所，也是買賣生意興隆的地方。

▌兩宋時期的邊貿外貿

■最先設立榷場的宋太宗趙炅畫像

　　宋代曾經與遼、金、西夏少數民族政權並存。榷場是宋代官辦邊境貿易場所，以通遼、夏、金的互市貿易。榷場有專門的官吏主持和監督，交換各自所需求的大宗商品。宋太宗趙炅時期，宋遼間就已在宋境的鎮州等地設置了榷場。

商貿縱觀：歷代商業與市場經濟
近古時期 內外商貿

　　因受戰爭影響，宋代的貿易方向主要是海洋。所以，宋代設立了一個專門機構「市舶司」來管理對外貿易以及獲得從對外貿易中所獲得的利潤。

　　在市舶司主持下的兩宋海外貿易，對社會經濟和國家財政的影響也遠遠超過前代，開創了中國在對外貿易中的主導地位。

　　宋代經濟發達，除了與農業、商業政策有關，還與宋朝科學技術的發展有關。宋代在科學技術方面取得的偉大成就，在當時居於世界的前列，不但在中國歷史上是偉大的，就連當年整個中世紀世界史，也是極為罕見的。正是宋代特有的農工商政策，致使當時的邊貿外貿與漢唐相比有了突飛猛進的發展。

　　宋初對與遼的互市貿易並未設官署管理，西元九百七十七年初，北宋中央政府在河北路的五個州設「榷場」，與西夏進行香藥、犀牛角、象牙及茶的貿易往來。

　　宋真宗曾下旨在延州、保安軍設置榷場，宋以繒帛、羅綺兌換西夏的駱駝、馬、牛、羊、玉、氈毯、甘草，又以香藥、瓷漆器、姜桂等物兌換西夏的蜜蠟、麝臍、羱羚角、柴胡、蓯蓉、紅花、翎毛。

　　後來又在陝西路、河東路設置榷場，當時商販如織，任其來往，反映了宋夏邊境貿易的盛況。宋夏開戰後，榷場貿易停止，議和後又恢復了榷場貿易。

宋初與遼的關係是時戰時停，榷場也時開時停。西元九百九十一年，宋遼在雄州、霸州、靜戎軍、代州雁門寨，置榷署開展貿易。

　　西元一零零四年，宋遼訂立「澶淵之盟」，次年即在雄州、霸州和安肅軍三地設榷場，又於廣信軍設榷場，被稱為「河北四榷場」。宋方的貨物有帛、漆器、粳糯，輸入的商品有銀、錢、布、羊、馬、駱駝等。

　　宋金榷場貿易始於「紹興和議」後的西元一一四二年，首先建榷場於盱眙軍，以後又置於光州、棗陽軍、安豐軍西北的花靨鎮。

　　當時規定，貨物價值在一百貫以下的稱為小客。每十人為一保，留一半貨物在宋方榷場，帶一半貨物到金朝榷場交易，併購買金方貨物回宋寄留在榷場後。然後將另一半貨物運往金朝榷場貿易，統一計算往返貨物的總錢數，按十分之二抽息錢歸官府。

　　所帶貨物價值在一百貫以上的商人稱為大客。客商與貨物都只能留在宋方榷場等候金方客商前來貿易，宋方貨物主要是糧食、茶葉、各種手工業品、書籍及外貿而來的藥材、手工業品等。

　　西元一一五九年，因金入侵，南宋只保留盱眙榷場，關閉了其他榷場。「隆興和議」後，南宋於西元一一六五年復設盱眙、花靨鎮榷場，將原棗陽榷場移至襄陽府西北的鄧城鎮，光州的榷場設於所屬光山縣北的中渡市，重開宋金榷場貿易。

事實上，宋方在榷場貿易中獲利是很大的，北宋與西夏、南宋與金的榷場貿易中的情況也大體如此。

宋的海外貿易自西元九百七十一年後才有了南方的海港，同年設置了第一個海外貿易的一級管理機構，這就是當時的廣州「市舶司」。

後來，宋中央政府於杭州設兩浙市舶司，西元九百二十二年移杭州市舶司於明州定海縣，就是現在的寧波鎮海。其後，杭州、明州各置市舶司。

北宋中期以前，只有廣州、杭州、明州三地設置市舶司，船舶到達其他沿海港口，都要赴近處的市舶司勘驗。這種做法，顯然不能適應海外貿易日益發展的需要。於是，北宋政府在戶部尚書李常的建請下，於西元一零八七年十月，首先於福建路泉州增設市舶司。

北方的密州板橋鎮，是一個內外貿易都興旺的鎮市，北宋於一零八八年設置了北方唯一的市舶司，並升為膠西縣。北宋末年，又在秀州華亭縣設置二級機構「市舶務」，後因航道淤塞而暫停，疏濬後復設。

此外，鎮江、平江府雖未設市舶機構，但有主管舶貨貿易的稅務監官依市舶法進行管理。

南宋將兩浙路市舶司移至秀州華亭縣，即今上海市松江縣。說明上海地區在南宋時，已成為華東地區海外貿易的中心。除本處外，還在臨安府、明州、溫州等設市舶務，後又於江陰軍設市舶務。

廣州、泉州兩處市舶司，雖都未在他處另設市舶務，但外貿交易規模大，是南宋的主要外貿海港。南宋紹興末年的外貿收入達兩百多萬貫，超過北宋最高年份的一倍以上。

　　廣州、泉州港，主要是通往東南亞、南亞、西亞、東北非，秀州、明州、杭州、板橋港主要是通向東北亞的日本和朝鮮半島等地。

閱讀連結

　　宋朝對海外貿易十分重視，南宋時期更是如此。活躍的外貿活動，促使宋代造船技術十分發達，所造海船載重量可達五千石，相當於現在的三百噸。北宋後期，指南針已廣泛應用於航海，還出現了記載海路的專書《針經》。

　　與宋朝有海上貿易的達五十個國以上，進出口貨物在四百種以上。進口貨物主要為香料、寶物、藥材及紡織品等，出口貨物主要是紡織品、農產品、陶瓷、金屬製品等。

▋元代商業的空前發展

■元代紙幣「至元通行寶鈔」模板

　　元朝由蒙古族人忽必烈建立，是中國歷史上第一個由少數民族建立的大一統帝國。元朝規模空前統一，對外關係的開拓及暢達四方的水陸交通，為中外商旅提供了商業發展的優越環境。

　　由於蒙古族對商品交換依賴較大，故元朝比較提倡商業，使得商品經濟十分繁榮，使其成為當時世界上相當富庶的國家。

　　為了適應商品交換，元朝建立起世界上最早的完全的紙幣流通制度，是中國歷史上第一個完全以紙幣作為流通貨幣的朝代。

　　元代商業有空前的發展，與元朝盛世統一南北東西，結束長期紛亂的割據戰爭有重要聯繫。其時，中國南北東西都形成了商業發達區。元代商業交通網絡的發達，商業市場的

增多，中小商業經營者的增多，使其時人們的商業意識較前代更為濃厚。

　　元代商品生產有顯著的發展，並且這種發展與元代商業政策具體內容相聯繫。據《元史·食貨志》、《元典章》及其他眾多史籍加以概括，主要有以下數種：鼓勵通商、減輕商稅、保護商道安全、維護商賈資財。在這些政策的作用下，眾多的農牧業和手工業產品開始商品化。

　　在元代，有不少土地所有者，利用土地進行商業性的土地經營，開展商品生產。於是大量的棉、麻、絲、茶、糖、糧食等產品被投入市場。就糧食市場而言，不僅在發達的內地，而且在偏遠的漠北草原城市和林等地也出現了糧食市場。

　　由於農業的發展，以及某些對社會生活發生重大影響的經濟作物種植區的出現，糧食商品化的程度大大提高。其時，工商業發達的城市，依賴商品糧食的供給。

　　經過商賈將米糧販運至缺糧地區，稻米和麵粉都有出售。北方糧食供應依靠南方，每年由大運河或海道轉運糧食。元代南糧北調規模之大，從前任何一個朝代都不能比擬。

　　在元代糧食市場發展過程中，還出現了一些左右市場的稻米商。他們壟斷糧市價格，勢力之大，取利之豐，是前代范蠡、白圭、子貢等不及的。

　　元時曾負責海運南糧工作的要官朱清、張瑄，是江南首富，《輟耕錄》卷五《朱張》記載：朱、張兩家門庭盛時，田園宅館遍天下，糧倉相望。

　　他們既然是經營糧運起家的暴發戶，其眾多的私倉中應多儲糧之倉。而這些囤積之糧，正是他們壟斷糧食市場價格取利的重要條件。應該說朱、張二人是元代最大的壟斷糧市價格的稻米商。一般的中小米商在糧食市場上是競爭不過他們的。

　　在元代，糧食轉化為商品，並不僅只有直接投入市場轉售一途，它還透過釀酒業實現。從歷史記載看，其時商品糧除供給城市居民直接消費外，還有很大一部分用來釀酒，進而使之轉化為飲料類型商品。據記載，元代中原糧食由釀酒之途轉化為商品的量實在是驚人的。

　　在元代，竹木業、菜園果園業、紡織業以及與紡織業相關的染料作物種植業中的商品生產均有長足發展。茶葉種植業、桑棉種植業的商品生產也引人矚目。至於景德鎮瓷器、松江棉布、杭州絲織品、福建荔枝生產的商品化更為突出，名播中外。

　　從上述情況中可以隱約窺見，元代商品生產在某些方面相當發達。農產品和手工業產品交換的發展，也使元代的商品經濟出現更興盛的局面。

　　元政府重農，措施極詳，且又重視至極，但不抑商，這是元代商業繁榮與國內和國外貿發達的重要原因。

　　元代商業之盛不只表現於國內貿易領域。在元代，對外貿易也盛極一時。其時對外貿易透過海、陸兩路與亞非歐各國大規模開展。

元時絲綢之路，從今甘肅敦煌沿天山南北路往西延伸。又增加了經裡海以北抵達黑海北岸的欽差道。但波斯道依舊重要。

伯顏元帥滅南宋後，海道貿易逐漸在元代對外貿易中占據主要位置。原因在於海道貿易地域更廣，運載貨物更多，來往更便捷。

元政府對海外貿易是採取積極支持和鼓勵政策的。元代有眾多的海外貿易港口，有遠比宋朝細密的海外管理規章，且放任主義的色彩極濃。這種情況集中體現了元政府對外開放的經濟國策的進步性。

在元代的海外貿易中，中國出口的物資頗多，深受外商歡迎。其時，中國商人與外商交易，一般都是平等的。

元代的海外貿易，對加強元代與海外各國經濟文化的交流，促進元代自身經濟的發展，增進中國和亞非歐諸洲各國人民的友誼造成了不可低估的作用。

義大利人馬可·波羅除對大都商業發展狀況有大量記載外，對全國其他地區商業發展狀況作了記述，可以說元時全國商業的盛景盡收其筆下。尤其詳細記述了元大都的經濟文化民情風俗。

在元代商業發展的過程中，為數眾多、遍及城鄉的中小商人功不可沒。他們開店坐肆、跋涉販運。他們的足跡留於大江南北之區、邊疆偏僻之域、沿海港口島嶼。應該說，他們是元代商業的主要經營者。在這之中，元代回族商家可謂獨樹一幟。

元代的回族商人利用其政治地位的優勢和國家對商業活動的保護政策，充分展示了他們善於經商的特長，「多方賈販」，其足跡遍及全國，對繁榮經濟、促進物資交流有一定的貢獻。

如在地處河西走廊的肅州東關，專設有回族商人經商的街道，其「富庶與城內埒」。回族商人把國外進口的包括象牙、犀角等在內的寶物，各種布匹，沉香、檀香等香貨，不同種類的珍貴藥物，以及木材、皮貨、牛蹄角、雜物等商品販運至大都、上都等城鎮，把南方的糧食輸往大都、上都及北方缺糧地區，又把中原的物資運銷至漠北等邊遠民族地區。

亦集乃路地處邊陲，位置在現在的內蒙古額濟納旗東南，當時是草原絲綢之路納憐道驛路上的重要樞紐，也是透過大戈壁進入蒙古腹地之前的供給基地。

元時這裡有不少回族商人在此經商。他們在溝通大漠南北物資交流、維護草原絲綢之路暢通方面做出了很大貢獻。

元政府規定「往來互市，各從所欲」。回族商人既由陸路通商，又有海道興販。對於由海陸兩道而來的回族和信仰伊斯蘭教的商人，元政府仍予以優厚待遇。

東來的回族商人具有雄厚的經濟勢力，其商業活動直接影響元朝財政，他們來華貿易中交納的關稅和其他「例獻」之物，是元中央與地方政府重要的財政來源。

元代在市舶司管理、市舶條例制訂等方面在宋代基礎上進一步完善，外貿商品中更多，與中國發生外貿關係的國家和地區更加擴大，海上絲綢之路進一步延伸，交通繁忙暢通，

海外貿易空前繁榮。在對外貿易中，回族商人對元代市舶司的建立與擴大，市舶制度的完善，招徠海外客商來華貿易等方面，貢獻很大。

西元一二七七年，元朝在泉州、寧波、上海、澉浦等地相繼設立市舶司，後又增設溫州、杭州、廣州三地市舶司。回族商人利用已經取得的政治、經濟優勢，基本控制了元代海外貿易。

元代回族商人主要活動於北京、杭州、泉州、昆明、興元、甘州、涼州、廣州、和林等眾多的城市。這種情況，可以從許多歷史典籍記錄中得到印證。

元時北京的回族人共有兩千九百多戶，其中多富商大賈興販營運，可見元代北京的回族商人數目不少，而頗有經濟勢力，相當活躍。

元時東南沿海的城市裡，回族商人的活動也很活躍。廣州是元代回族商人聚居之地。比如蒲庚就是元時有名的回族富商。他的家族有經商傳統，其祖先由阿拉伯東遷，曾是占城的貴人，後來又成為廣、泉二州的大富商。到了蒲庚這一代，更成為著名的大商人。

泉州是元代最大港口之一。這裡的番貨、異寶、奇貨甚多，號為天下最，其中有不少人是回族富商，有的富商所用之舟近十艘，稱之為豪富不算過分。

在元代南方回族商人中，多數人是香料經營世家。其中許多家自唐、宋以來就專營此項買賣。他們當中的大賈巨商

極善謀利，凡是比較大的商業城市中，必居其津要，獲利頗豐。

閱讀連結

馬可·波羅在中國期間，借奉元世祖忽必烈之命巡視各地的機會，走遍了中國的山山水水，中國的遼闊與富有讓他驚呆了。每到一處，他總要詳細地考察當地的風俗、地理、人情。在回到大都後，又詳細地向忽必烈進行匯報。

在《馬可波羅游記》中，馬可波羅盛讚了中國的繁盛昌明；發達的工商業、繁華熱鬧的市集、華美廉價的絲綢錦緞、宏偉壯觀的都城、完善方便的驛道交通、普遍流通的紙幣等。書中的內容，使每一個讀過這本書的人都無限神往。

近世時期 貿易政策

　　明清兩代是中國歷史上的近世時期。明清時期商品經濟有較大發展，貿易十分活躍，許多地方特產進入市場，進行商業貿易，並出現了牙行、牙人等中間商。

　　明清兩代政府制定的市場經濟制度及其管理，順應了社會經濟發展的需要，促進了商業和商品經濟的發展，使國內外貿易逐步走向規範化和專業化經營。

　　明清時期的商幫、會館與公所，是由地域關係聯繫在一起的商業集體和商人社團。它們的形成和發展，從一個側面反映了中國近代商業發展趨勢。

▌明代市場經濟的管理

■明太祖朱元璋坐像

　　明朝是中國歷史上最後一個由漢族人建立的王朝。明朝建立伊始，中華大地經過戰亂的破壞，一片凋敝，市場經濟普遍低迷。對此，朱元璋實行「發展生產，與民休息」的政策。農業生產的恢復發展，促進了手工業和商業的發展。

　　經過幾十年的休養生息，社會經濟得到恢復發展，大量富餘的農產品尤其是經濟作物產品和手工業產品進入流通領域，刺激了市場的迅速發展。

　　明代市場經濟制度的制定與管理，也經歷了由零散到比較系統，從較大隨意性到逐漸有序的特點。大致反映了整個明代商制形成和發展的過程。

　　明代市場經濟由最初的不景氣，到各地市場繁榮並日臻成熟，表現為市場規模大，交易品種逐漸多。而且其結構也向多層次、多方位、行業化方向發展。

在這種情況下，明朝廷及時進行規範，由此形成了一套比較齊備的市場管理制度。與此同時，市場本身在實踐中，還約定俗成了貿易參與者務必遵守的一些條規和守則。

明代城市市場由兵馬司兼管。西元一三六八年，明太祖朱元璋令在南京兵馬司兼管理物價、管取締違法營商的市司，並規定在外府州各兵馬司也一體兼領市司。西元一四零四年，北京也設城市兵馬司，遷都北京後，分置五城兵馬司，分領京師坊鋪，行市司實際管轄權。

明代市場管理項目眾多，除了歷朝歷代都有的商稅外，其他主要有度量衡管理制度、物價管理制度，以及對牙行的限制制度等。

度量衡的統一，是市司公平交易的保障，明代朝廷對此高度重視。西元一三六八年，明太祖下令鑄造新的鐵斛、鐵升，以為標準量器。

第二年再下令，凡斛斗秤尺，由官府定樣製造，並打上烙印。明令市場貿易所用的度量衡必須與官定標準相吻，且經官府核定烙印後，方可用於市場交易。

當時各地對依標準樣生產度量衡器具十分嚴格，如明中葉人陳鐸描寫等秤鋪的製作，要求等秤：

錘兒無捅移，桿干要正直，量數兒須勻密……輕重在眼裡，權衡在手裡，切不可差毫釐。

朝廷還嚴格對度量衡的監管：一是派兵馬指揮司兩三日一次定期校勘；二是針對違法作弊現象，制定法律，給以一定處罰，其中如杖六十、杖七十、笞四十等。

統一度量衡制度對買賣雙方進行公平交易提供了保障，有利於市場的發展。

物價平穩、合理，是市場有序乃至國家安定的一種表現，也是市場貿易渠道暢通的關鍵之一。朝廷對此一直很重視。

西元一三六八年，明太祖針對當時物價起伏較大的情況，決定由官方確定物價，並向民間公佈。又制定「時估」制，對價格直高不下的貨物，隨時估計，以平抑市場價格。又規定民間市肆買賣，將價格從實申報於上司。以防哄抬物價，擾亂市場。

朝廷為掌握平抑物價的主動權，透過國家行為，如建立預備倉，實行平糶制度等，來保證物價的平穩。而對於營利過多的行業，政府則採取限制措施。

商品質量問題，一般由商品經銷者自己來把握，但政府規定，偽劣與不合格商品不得在市場交易，否則要受到制裁。平抑物價和質量管理制度，對於約束奸商，維持正常的市場秩序，均發揮過積極作用。

牙行是市場貿易中為買賣雙方說合的仲介人，也稱之為「牙儈」、「經紀」、「牙人」、「駔儈」等。他們協助官府參與街市校勘度量，平抑物價，辨識假銀、偽錢，徵收商稅等市場管理工作，並為賣方提供膳宿、貨棧、交通方便以及為買賣雙方牽線說合等，在大宗貿易中充當重要角色。

正因為如此，不少牙商就利用對市場行情的經驗和政府給予的特權，把持行市，擾亂正常的市場貿易秩序，從中漁利。

明初，明太祖曾有意取締一切官私牙行，但實際上根本行不通，最後只好撤銷原議，同意設牙，同時對他們設定限制。對「高抬低估」物價、「刁蹬留難」商賈的牙商給予嚴處：「拿縛赴京，常枷號令，至死而後已，家遷化外。」這是對不法牙行實行的法律管制。

　　明中、後期，國內較大的商貿都透過牙行進行，牙行的存在和活動完全合法化。政府允設官牙與私牙兩類。

　　官牙是政府、諸王開設在各地的官店和市鎮中協助地方官府徵收商稅、管理市場的牙行；私牙即是一般的經紀人。政府對官牙與私牙的身分也有明確的規定。

　　朝廷還規定牙行可以從事的合法活動：領到官府頒發的印信文簿後，在交通要道上，如實填寫商人、船戶的住貫、姓名、路引字號、物貨數目，每月赴官查照；將收來的稅款，如數交付監察御史、主事稽考；說合買賣，代商賈買進賣出貨物，幫助僱請車船、腳伕，解決客商停放貨物、供應食宿諸問題，並從中收取牙傭；評估物價，繳納牙稅等。

　　對於在上述活動中有違法行為的牙商，明律定有處置辦法：私充牙行，即沒有得到官府批准，發給牙帖者，杖八十；所得牙錢隱而不交公者，笞五十並革職；在評估物價時，令價不平者、與商賈勾結者，一是罰沒牙傭，二是杖八十等。

　　值得一提的是，在這些由商賈們在商業活動實踐中約定俗成的店規、守則中，有不少是前朝少有、只有在商品經濟發展到一定程度才出現的新鮮的經營管理模式。比如合資制度、夥計制度和帳目制度等。

　　合資制度也稱同本制，在中小商人中十分流行。因為這種合夥股份式經營制度，雖不能使入股者在商業成功時暴富，卻能使他們在商業失敗時免於傾家蕩產。事實上，注重血緣親族關係的大商人，也常合夥經營，或父子、兄弟、叔侄之間，或同裡、同鄉之人，結夥經營。

　　夥計制度的宗旨是以富資貧，凡經商而家貧者，富者則助金經營，時人稱之為「夥計」。嘉靖、萬曆年間人沉思孝說：在山西豪商中，合夥經商者，名曰「夥計」。一人出本，眾夥共商之，即富商出錢股，貧商出力股，雙方共同經營。

　　夥計制度在大商人中較為普遍，正當時，一個擁有二十萬資金的富商，大小夥計就有百餘人。這其中顯然多是僱傭關係。夥計的職責和義務都各有規定。

　　帳目制度是明代商人普遍採取的經營方法之一。記帳格式，一般分「舊管」、「新收」、「開除」、「見在」四項。而且微物小錢，也必日月具報明白。可見當時的記帳制度已相當完備。

　　有些商舖還建立掌事制度，也就是大店家專僱一名出納財貨之人，謂之「掌事」。掌事一般都足夠謹慎，不僅慎重出納款項，而且嚴守祕密。

　　明代時人這些新的經營管理模式，體現了明代商業經營文化的新水準，反過來，它們又推動了民間商貿的發展。

閱讀連結

牙行產生於漢代，當時稱「駔會」。從歷史上看，經營牙行須經政府批准，並交納稅課。牙行在交易中起代政府統治市場、管理商業，故也稱官牙。

隨著封建經濟的發展，牙行的經營範圍從為買賣雙方間作介紹，擴大到代商人買賣貨物，代商人支付和存儲款項，運送貨物，設倉庫保管貨物，代政府徵收商稅等。

在城鎮交易中，絕大部分商品的批發交易必須經過牙行之手。明代經營牙行者，須有一定數量的資產，經官府批准並發給執業憑證和帳簿。

▌清代前期的內貿政策

■乾隆帝朝服像

清代前期國內商貿政策是針對不同的商業人群和商業活動而制定的。乾隆帝重視發展商業並給予寬鬆政策。金融機

構，如經營匯兌和存款、信貸的票號等，在這一朝也開始出現。

清初期政府實施的商貿政策主要有規範，控制牙行、埠頭，打擊糧販投機，放開非商品性產品，放開漕運貿易等政策。

清朝廷對商業觀念的轉變，以及制定的有利於商業發展的政策，是順應社會經濟發展的必然結果，這些政策促進了商業和商品經濟的發展。

清代順治帝時期，商業的全面推進非常緩慢。到清聖祖康熙時，他對商業提出「商民為四民之一」，認為只有利商才能便民。

他下令刊刻關稅條例，對於不肖官吏於定額外於私行濫收者，依律治罪；文武大臣各管家人，強占關津要地不容商買貿易者，則戴枷三個月，旗人鞭一百；規定各省一律用底面平準的升斗，同時規定了砝碼重量和十六兩為一斤等。後來又開海禁，鼓勵和促進國內外貿易的發展。

雍正時期是上述商業政策的鞏固期。直到乾隆年間，清代商業發展到了繁榮時期。清高宗乾隆對商業非常重視，乾隆初年重新頒布了康熙初年刊刻的關稅條例，禁除額外需索、私設口岸等陋規。在九江、贛江兩關令商人將應納稅銀自行投櫃，實行三聯串票，一交巡撫衙門，一存稅署，一給商人。

由於乾隆帝時期商業的繁榮與發展，使嘉慶、道光時期的社會風氣發生了明顯變化，商人地位得到提高。清代各行各業都有牙人、牙行，每行人數不一。牙人有官牙和私牙之

分；牙行也有私立牙行和官方牙行之別。清朝廷制定了嚴格控制牙行、埠頭的政策，這是管理商業的又一重要舉措。

官牙是由官方承認的牙行。官牙須向官府申請，由官府遴選查核，確係良民，並有鄰居同行具結作保，方向其徵稅，發給「牙帖」，憑帖經營。

由於帖有定數，稅有定額，所以有任意濫發牙帖的情況，商民深受其苦。因此，政府下令各部政使司因地制宜，定出該地「牙帖」數額，報部存檔，不得任意增加。

後來又將給帖徵稅之權收回到戶部，由戶部給帖，各省轉發，而以牙帖稅解部。以此嚴格實行「牙行領帖制」，私充者杖六十，所得牙錢入官，容隱私充者笞五十。五年進行一次編審，清查換帖。

清代官牙的作用主要有兩個：

一是代表官方進行物價評估，也就是透過牙行控制市場行情和交易。

牙行規定：牙行之人評估物價，或貴或賤，凡是估價不公平者，計所增減之價處罰。「一兩以下笞二十，犯止杖一百，徒三年」。如按盜竊論，一百二十兩以下為流犯，一百二十兩以上即判絞刑。

針對牙行的收購、售賣功能，一些小戶可以把零星的產品送到牙行，使之代客收買，同時，牙行還可以把商人引到大戶收買產品。

在當時，那些巨本經商、遠方估客，非用牙行不可，否則難成交易。於是一些牙行的「囤遲賣快」，便為其控制市場行情和交易提供了條件。

二是代表官方對商人貨品的監管。官方透過牙行埠頭稽查商人貨品，令其用政府發給的文簿登記客商船戶的住址姓名、路引字號、貨物數量，按月赴官查照，替官府監督商人加納稅銀。

無稅票者即系漏稅私貨，或貨多而票數少開，票數於貨數不符，也屬於漏稅情弊，地方官都可以嚴拿審糾，予以處置。

清代無論官牙和私牙，還是官方牙行和私方牙行，在市場中是並存的。政府為了保護官牙及官方牙行的利益，也為了透過官牙和官方牙行的管理、控制商人及商業和市場。

清朝廷在利用牙行管理商人及市場的同時，制定各項法規約束牙行。如用強邀截客貨，通同牙行共為奸計等，嚴加管束，重者治罪。

清代商業貿易中糧食是最重要的商品之一，糧食貿易不僅直接影響到政權地位的穩固和社會的安定，而且由於穀物是眾多小農進行商品交易的產品，直接關係到商品經濟的發展。所以，清朝廷針對糧食貿易頒布了相關的法令法規。

在打擊糧販投機方面，官方下令湖廣、江西巡撫派員查明有名碼頭、大鎮米店買賣人姓名及所販米數。每月終報告一次，通知浙江督撫嚴加控制。「各鋪戶所存米麥雜糧等項每種不得超過一百六十石。逾數囤積居奇者，照違律治罪」。

為了疏通糧食貿易的渠道和加速糧食商品的流轉，清朝廷也採取了種種措施。比如：江楚商人赴四川販米或四川商人往江楚買糧，立即放行，不可遏阻；將直省各關口所有經過米豆應捐稅額悉行蠲免（免除）。

　　此外，有關「把持行市」的懲治、度量衡的管理、商品質量的管理等方面也有律例規範約束。

　　由於清代賦稅內容和賦稅制度發生了變化，這不僅使得很多原來作為貢品上交官府的非商品放開進入了市場，而且一些作為實物稅徵收的糧食也進入了市場。同時，原國家徵調的棉布也被放開，成為商品進入了市場。

　　清初嚴禁私賣的東北人蔘、貂皮等，也有一部分進入了市場，實現了商品化。比如寧古塔貂皮登市之初，由寧古塔將軍挑選供貂，選畢即可自由買賣。

　　清雍正實施了「攤丁入地」後，除每年有數百萬運往京師的漕糧外，其餘的基本上以商品的形式進入市場，並實現了賦稅的貨幣化。

　　商人也參與到軍糧運售的行列中。糧食作為徵稅物放開之後，漕米又改征折色。漕米改折後，原靠國家運送的軍糧軍餉也要用貨幣購買。田賦交納改用銀兩，故錢莊紛起，以兌換銀錢為主要業務。

　　在賦稅貨幣化轉變的過程中，一些商人專門靠運售軍糧發家。在清平定準噶爾叛亂之戰中，山西的一個糧商運售軍糧，顆粒無誤，還兼做其他買賣，成為巨富。左宗棠征新疆

之役，天津商人隨軍運售軍糧，也是效益可觀。此時，軍糧運售成了具有商業性質的活動。

國家徵調的棉布也進入市場。在官府採買的促進下，棉布迅速實現了商品化，白布登市交易，並無欺惑，以致遠商雲集，每日城鎮市場中收布者頗多，車馬輻輳，熱鬧非凡。

清代漕運路線基本沿明代河運故道，南自瓜州、儀征的江口入運河，出河口由黃河入會通河，出臨清北接衛河，直至沽溯路河達京倉所在地。每年航行運河的漕船六七千艘，多時上萬，漕運主要由軍隊擔任，兼雇一些民船或商船。

按照規定，漕船除了承載正耗糧米以外，可以附帶一定數量的免稅貨物土特產。如嘉慶時重船帶南貨一百五十石，回空船可以附載北貨六十石，均免稅。加上旗丁水手所帶納稅的貨物，和夾帶的私貨，數量更大。

這些貨物或在沿途銷售，或到京師或南方銷售。由此帶來了沿岸城市的經濟繁榮，交易貨物動數百萬石。

閱讀連結

隋、唐、宋、元、明、清歷代均重視漕運，隋初除自東向西調運外，還從長江流域轉漕北上。隋煬帝動員大量人力開鑿通濟渠，聯結河、淮、江三大水系，形成溝通南北的新的漕運通道，奠定了後世大運河的基礎。

清代咸豐時期黃河改道，運河淺梗，河運日益困難，隨商品經濟發展，漕運已非必需，光緒時期清朝廷遂令停止漕運。

歷代漕運保證了京師和北方軍民所需糧食，有利於國家統一，並因運糧兼帶商貨，有利於溝通南北經濟和商品流通。

清代前期的海外貿易

■清康熙皇帝畫像

康熙皇帝於西元一六八四年正式停止海禁，第二年便宣布江蘇的松江、浙江的寧波、福建的泉州、廣東的廣州為對外貿易的港口，並分別設立江海關、浙海關、閩海關和粵海關四個海關，負責管理海外貿易事務。

這是中國歷史上正式建立海關的開始。至此，清初的海禁宣告結束，中國的海外貿易進入了一個開海設關管理的時期。

在此期間，中國沿海以泉州、漳州、廈門、福州與廣州先後崛起，成為貿易大城，操控對外國際貿易。

　　清代前期主要是實行開海設關、嚴格管理海外貿易的政策，所以整個海外貿易獲得不斷的發展，呈現出一派繁榮的景象。

　　主要表現是貿易港口、貿易國家、商船數量、進出口商品數量、貿易商品流通量的增加。幾乎所有亞洲、歐洲、美洲的主要國家都來廣東與中國發生了直接貿易的關係。特別是從西元一七八四年「中國皇后」號首航廣州開始，美國與中國發生直接貿易關係。

　　隨著海外貿易的發展，穿梭往來的中外商船數量逐漸增多。據統計，從西元一六八四年至西元一七五七年，中國開往日本貿易的商船總數達到三千多艘。商船的噸位也很可觀，一般的小船能載重一百噸，中船可載重一百五十噸，大船可載重兩百五十噸至三百噸，最大的可載重六百至一千噸。

　　中國的商船還從事東南亞各國與日本的轉口貿易，如西元一七一五年至一七三三年，從廣東、南京、寧波、廈門、臺灣開往長崎的商船就有六艘是轉運業務。

　　乾隆以後，到南洋去貿易的商船更多。駛往東南亞的帆船總噸位達八萬五千兩百噸，每艘平均噸位一般為三百噸。

　　清代前期，中國海外貿易的進出口貨物品種之多，數量之大是空前的。當時輸往日本的商品有：書籍、白絲、綾子、葛布、八絲、五絲、柳條、綾機、砂糖、甘蔗、茶、茴香、蜜餞、花生、藥物，以及生活用品等。

輸往東南亞各國的商品主要是絲、茶、糖、藥材、瓷器和中國的名產。有瓷器、磚瓦、花崗岩石板、紙傘、粉條、乾果、線香、紙錢、菸草以及一些土布、生絲之類。

　　輸往歐、美各國的商品主要是生絲、絲織品、茶葉、瓷器、土布、麝香、硃砂、明礬、銅、水銀、甘草、生鋅、大黃、桂子、糖、冰糖、薑黃、樟腦、綢緞、絲絨等。其中以生絲、絲織品、茶葉、瓷器、南京土布為大宗。

　　在與外國的貿易中，中國從日本進口的商品有黃銅、白銀，以及海參、鮑魚、魚翅、海帶等。其中以銀、黃銅為最重要。

　　南洋各國輸入中國的商品的種類和數量也相當多。有米、石、象牙、沉香、速香、布、檳榔、砂仁、蘇木、鉛、錫、珀、玉、棉花、牙魚、鹽、角、燕窩、玳瑁、沙藤、打火石、水牛皮、魚翅、海參、歐洲羽緞、毛織品、粗嗶嘰、印花布、竹布、海菜、胡椒、檳榔膏、鹿茸、魚肚、鴉片等三十多種。

　　歐美各國輸入中國的商品種類、數量也很多。其中西歐各國的商品有香料、藥性魚翅、紫檀、黑鉛、棉花、沙藤、檀香、蘇合香、乳香、沒藥、西谷米、丁香、降香、胡椒、白藤、黃蠟、嗶嘰緞、洋參等數十種；美國輸入的商品有皮貨、粗棉、鉛、人蔘、水銀、檀香水，銀元等。

　　最能說明清代前期海外貿易獲得長足發展的，莫過於當時整個海外貿易的商品流通量值的不斷增加。這一點，可以從開海設關貿易後的關稅收入中體現出來。比如西元

一七二九年的貿易值為一千一百一十多萬兩，比明代的最高年份也增長十倍。

為了貫徹嚴格管理海外貿易的政策，清朝廷制定了一整套管理內商和外商貿易的制度和措施。

清朝廷開海貿易後，規定山東、江南、浙江、福建、廣東等省各海口的「商民人等有欲出洋貿易者，呈明地方官，登記姓名，取具保結，給發執照。將船身烙號刊名，令守口官並查驗，準其出入貿易」，但是只許「載五百石以下船隻，往來行走」。出洋貿易人員，三年之內，準其回籍，三年不歸，不準再回原籍。

又規定各省出海貿易商船，必須在大桅上截一半各照省份油飾，如浙江用白油漆飾，福建用綠油漆飾，廣東用紅油漆飾等。

清朝廷大力鼓勵洋米進口，還對進口洋米的商民實行獎勵。如運米六千石以上至一萬石，生監給予縣丞職銜，民人給予七品頂帶。

作為一個主權國家的清朝廷，根據當時國內外的實際情況，規定商民出海貿易時辦理一定的手續，限制商船販運武器等危險品及少數其他商品；鑒於南方有些地方產米無多，禁止糧食出口，鼓勵洋米進口，是正常的、適當的。

清代徵收關稅，襲用明朝舊制，有貨稅和船鈔。「貨稅」即商稅，根據貨物量徵收，基本上是一種從量稅。「船鈔」亦稱船稅、噸稅，是按照貨船體積分等徵收的。

徵收方法是由海關派員登船進行丈量計算，按等徵收，稅率也是很低的。不僅如此，清朝廷還實行減稅和免稅制度，優待外國商人。

　　清朝廷還建立行商制度，實行「以官制商，以商制夷」的管理海外貿易的制度。所謂行商，是指清朝廷特許的專門經營海外貿易的商人，亦稱「洋商」，在廣東俗稱「十三行」。但「十三行」只是作為經營進出口貿易特有機構的統稱。並不是說只有十三家。

　　西元一七二零年，洋行商人為了避免互相競爭，訂立行規，組織壟斷性的「公行」。之後，為了便於管理海外貿易，清朝廷在行商中指定一家為「總商」，承充行商者必須是「身家殷實之人」，並由官府批准發給行帖，才能設行開業。

　　行商的主要功能是，代購銷貨物，代辦一切交涉，監督外商。總之，舉凡中外商品之交易，關稅船課之徵收，貢使事務之料理，外商事務之取締及商務、航線之劃定，無不操之行商之手。

　　行商不僅是壟斷海外貿易，而且其他中外交涉事件，也由其居間經辦，是外商與中國政府聯繫的媒介，實際上具有經營海外貿易和經辦外交事務的雙重功能。因此，外商與行商休戚相關，來往頻繁。

　　行商制度對當時的海外貿易有促進的作用。首先，在當時外商對中國情況不熟悉、又不通中國語言的情況下，行商在外商與清朝廷之間提供聯繫，在外商與中國商人之間提供貿易方便，起了溝通的作用。其次，由於行商代洋商交納關

稅，外國商人免了報關交稅的麻煩，得以集中精力進行貿易活動。

清朝廷還頒布了一系列「章程」和「條例」，對外商在華的活動加以防範和限制。如制定《防夷四查》、《民夷交易章程》、《防範夷人章程》等，均是清朝廷對外商的種種防範。

國際貿易發展的歷史證明，即使是在西方，嚴格管制對外貿易也是正常現象，所謂完全的「自由貿易」是不存在的。因此，清代前期，在中國仍然是一個獨立主權國家的條件下，清朝廷制定和實行這些管理制度，是便利於海外貿易發展的。

閱讀連結

清代前期對外貿易中，對歐洲的瓷器輸出量相當驚人，直至今日，歐洲人們提到更多的仍然是中國瓷器和中國絲綢，可見中國特產對歐洲人的影響。

據說，十七和十八世紀時，歐洲各國的皇宮貴族以及商賈名士，都很崇尚中國瓷器。

在當時交通不方便的情況下，多數人不可能到達中國這個東方神祕的國度，但是，如果在家裡能夠擺幾件中國瓷器，喝茶、吃飯用上來自中國的瓷器，當時已經成為了一種身分的象徵。

▍明清時期的五大商幫

「商幫」是中國歷史上由地域關係聯繫在一起的商業集團。中國歷史上有五大商幫，他們是：晉商、徽商、浙商、魯商和粵商。

這五大商團最活躍的時期是明清，儘管形成的時間並不相同，但他們支配著中國近代民間貿易，並在一定程度上影響了全國經濟，構成中華民族商業轟轟烈烈的宏大景觀。

■晉商票號掌櫃蠟像

晉商，通常意義的晉商是指明清五百年間的山西商人，晉商經營鹽業，票號等商業，尤其以票號最為出名。

晉商的興起，是與商品經濟的發展同步的。隨著商業競爭的日趨激烈，為了壯大自己的力量，維護自身的利益，晉商的商業組織開始出現。

起初由資本雄厚的商人出資僱傭當地土商，共同經營、朋合營利成為較鬆散的商人群體，後來發展為東夥制，類似股份制，這是晉商的一大創舉，也是晉商能夠經久不衰的一個重要原因。

　　晉商發展到清代，已成為國內勢力最雄厚的商幫。茶莊票號正是當時非常熱門的行業。世界經濟史學界把他們和義大利商人相提並論，給予很高的評價。晉商的發展不僅給他們帶來了財富，而且也改變了當時人們多少年「學而優則仕」的觀念。

　　特別值得指出的是，在晉商稱雄過程中，一共樹有三座豐碑，那就是駝幫、船幫和票號。

　　駝幫從事的對外茶葉貿易。清代經營對俄羅斯、蒙古茶葉貿易的有許多晉商商號，渠家是其中一家。比渠家茶葉貿易規模更大的是被稱為「外貿世家」的榆次常家。

　　當年中國出口國外的茶葉主要是兩條通道。一條是從廣東的廣州和泉州出發把茶葉運到歐洲，經這條路出口的主要是綠茶；另一條是晉商透過陸路把茶葉運到俄羅斯和蒙古。

　　這條陸上之路在山西境內再往北運主要是靠「沙漠之舟」駱駝。當時，晉商把十五峰駱駝編為一隊，十隊為一房。數房相隨，首尾難以相望。駝鈴之聲在茫茫沙漠中日夜不斷，飄蕩四野，數里可聞。所以，晉商中經營對外茶葉貿易的被稱為「駝幫」。由駝幫所從事的對外貿易是晉商歷史上光輝的一頁。

　　船幫出現在清代中葉，隨著商品經濟的發展，貨幣流通量猛增，但當時中國產銅量極低，僅靠雲南產的滇銅遠遠滿足不了鑄幣需求。

在這種情況下，山西商人組織船幫對日貿易採辦洋銅。介休范家就是最為突出的代表。范毓賓時期，範家的商業發展到了鼎盛時期，被人們稱為著名的「洋銅商」。

晉商在利用「駝幫」、「船幫」經商的過程中，真可謂是「船幫乘風破浪，東渡扶桑，商幫駝鈴聲聲，傳播四方。」寫下了部部艱辛的創業史。但是，山西商人並沒有只盯著洋銅和茶葉，山西商人的最大的創舉是票號。

票號又叫「票莊」或「匯兌莊」，是一種專門經營匯兌業務的金融機構。山西票號商人，曾在中國歷史上顯赫一時。直至如今還流傳著「山西人善於經商、善於理財」的佳話。

山西商人雷履泰首創「日昇昌」票號後，業務發展迅速，規模擴大，在北京、蘇州、揚州、重慶、廣州、上海等城鎮建立了分號。在日昇昌票號的帶動下，山西商人紛紛傚尤投資票號。

如介休侯氏聘原任日昇昌票號副經理的毛鴻翔為蔚泰厚綢布莊經理，毛氏到任以後，協助財東侯氏將其所開辦的蔚泰厚綢布莊、蔚盛長綢緞莊、天成亨布莊、新泰厚綢布莊、蔚豐厚綢緞莊均改組為票號，並形成以蔚泰厚為首的「蔚」字五聯號，沒過幾年，便大獲其利。

從此以後，晉商群起仿辦，往往於本號附設票莊。票號的發展，大致在道光年間為興起之時，當時全國五十一家大的票號中，山西商人開設有四十三家，晉中人開設了四十一家，而祁縣就開設了十二家。

經營票號的山西商人，對中國金融貿易的發展作出了重要貢獻。

首先，山西商人資本的發展，使山西商人聚集了大量的貨幣資財，讓白銀源源不斷地流回家鄉，促進了山西手工業的發展，促進了全國商品物資的交流，加快了中國自然經濟解體和商品經濟發展的進程。

其次，造就了一代理財人物。山西商人資本不論是商品經營資本還是貨幣經營資本，一般都不是資本擁有者直接從事經營活動，多數是由財東出銀若干，委託一個自己信賴的、精明能幹的人來當掌櫃，從事某項經營活動。

財東把資金運用權、人員調配權、業務經營權交給掌櫃，獨立自主地從事經營活動。定期結帳一次，由掌櫃向財東匯報經營成果。如果財東滿意，就繼續任用，財東信不過就可以辭退。

這種資本所有權與經營權分離，實行經理負責制的方式，再加上以後實行的「頂身股」制度，促使經營者工作不敢懈怠，把職工的利益和企業的利益結合在一起，促進了管理人才的出現，提高了經營效益，這在中國企業史上是有積極意義的。

再次，晉商捨得智力投資，舉辦商人職業教育。馳名中外的旅蒙商「大盛魁」商號，在外蒙古的科布多設有本企業的訓練機構。

從晉中招收十五六歲的男青年，騎駱駝經過歸化、庫倫到科布多接受蒙語、俄語、哈薩克語、維吾爾語及商業常識

的訓練，一般為半年，然後分配到各分號，跟隨老員工學習業務。

這種重視提高員工業務素質的辦法，就是現在來看，也是很有遠見卓識的。

最後，晉商首先創造了民間匯兌業務、轉帳和清算中心，首先創造了類似中央銀行的同業公會，都顯示了山西商人的精明能幹和創造能力。山西商人最先打入國際金融市場，表現了他們敢於向新的領域開拓的風姿。

徽商即徽州商人，又稱「新安商人」，俗稱「徽幫」，是舊徽州府籍的商人或商人集團的總稱。徽商最興盛時期是在明代。

徽商經營行業以鹽、典當、茶、木為最著，其次為米、穀、棉布、絲綢、紙、墨、瓷器等。其中婺源人多茶、木商，歙縣人多鹽商，績溪人多菜館業，休寧人多典當商，祁門、黟縣人以經營布匹、雜貨為多。

徽商除了從事多種商業和販運行業外，還直接辦產業。休寧商人朱雲沾在福建開採鐵礦，歙縣商人阮弼在蕪湖開設染紙廠，他們邊生產邊販賣，合工商於一身。

徽商經營多取批發和長途販運。休寧人汪福光在江淮之間從事販鹽，擁有船隻千艘。一些富商巨賈，還委有代理人和副手。

徽商遍佈全國，與晉商齊名，到處有徽商足跡。經營品種廣泛，鹽、棉布、糧食、典當、文具筆墨無所不包。

　　徽商老號有張小泉剪刀、胡開文墨業、曹素功墨業、胡雪巖創辦的國藥店胡慶餘堂、一代醫王胡兆祥創辦的胡玉美醬園、王致和臭豆腐、謝裕大茶行、張一元茶莊、汪恕有滴醋和同慶樓等。

　　「徽商精神」一直是人們崇尚的商業精神，如愛國、進取、競爭、勤儉、奉獻，以及團隊精神等。徽商在從事商業經營，貢獻物質文明的同時，也在積極地參與各種文化活動，為當時的文化發展做出了貢獻。

　　徽商正是憑著他們特有的徽商精神，從而能夠從無到有，從小到大，乃至於發展為雄視天下的大商幫。這種精神植根於中國傳統文化的土壤之中，又被徽商進一步發揚光大。徽商精神不僅是徽商的巨大財富，更是徽商留給後人的寶貴遺產。

　　浙商一般指浙江籍的商人，實業家的集合。浙江先後產生過湖州商幫、紹興商幫、寧波商幫、溫州商幫、臺州商幫、義烏商幫等著名浙商群體。

　　明代，江浙一帶成為中國經濟較為發達的地區之一，商品經濟較為發達，也產生了中國早期的資本主義萌芽。清朝末年，浙江商人成為中國民族工商業的中堅之一，為中國工商業的近代化起了很大的推動作用。

　　湖州人沈萬三是明初天下首富，清末鎮海人葉澄衷是中國近代五金行業的先驅。而以經營輯裡絲起家的劉鏞、張頌賢、龐雲鏳、顧福昌這「四象」為首的湖州南潯商人是中國

最早的強大商人群體。以虞洽卿、黃楚九、袁履登為代表的寧波商人，曾經叱吒於當時的遠東第一大城市上海。

浙商具有勤奮務實的創業精神，勇於開拓的開放精神，敢於自我糾正的包容精神，捕捉市場優勢的思變精神和恪守承諾的誠信精神。

浙江商人的特點是和氣、共贏、低調、敢闖。一般認為，最為活躍的商人為溫商，最為吃苦敢闖的商人是蕭紹商人，最為活躍的商人城市為義烏市，最有代表性的商幫為寧波商幫，最低調的浙商是越商。

浙商精神激勵浙商不斷創新的創業模式，推動和促進了浙江乃至國內外區域文化的豐富發展和區域經濟的繁榮興旺。

魯商是明清時期山東的商業群體，以「德為本，義為先，義致利」的商業思想著稱，具有深厚的歷史淵源和強大的生命力。

魯商將春秋戰國時期齊國的工商思想，糅合了儒家學說中的「仁、義、禮、智、信」與「溫、良、恭、儉、讓」等積極地為社會所普遍推崇的道德觀、價值觀，承襲了宋代繁榮的城市商品經濟和山東地區特色經濟，繁盛於明清時期。

明清時期山東商人主要來自齊魯兩地，即山東半島的登、萊、青三府和魯中的濟南、濟寧等地。前者因地少人多，養生者以貿易為計，加上海運道通，商旅往來南北，風帆便利，故大商人輩出。後者則處於全省中樞，且附近物產豐富，可輸出商品較多，或處於運河沿岸，工商業較發達。

明清以來的魯商有許多亦工亦商，其經營方式是「前店後坊」，如周村生產經營燒餅、布匹的商人。周村成為中國北方最大的商貿中心，它一個月的稅收額曾與陝西省一年的稅收相當。

魯商在發達的市場經濟思想影響下，形成了獨具特色的魯商文化：以義致利，誠信為本，樂善好施，務實肯幹，以酒會友。

這樣一個頗具特色的商業群體，豐富了魯商文化的內涵，構成了中國古代商業文化的一個重要組成部分，也孕育了近代中國政治、經濟、社會、文化領域新的革命。

粵商崛起於明清時期，並形成中國一大商幫，絕不是偶然的，它與廣東的人文地理環境，發達的商品性農業，手工業，人多田少的矛盾，複雜的國際環境以及朝廷的海禁政策有著密切的關係。

明清時期，中國的資本主義尚處於萌芽階段，廣東商人就以其獨特的嶺南文化背景與海外的密切聯繫，在中國商界獨樹一幟。

早期粵商的代表在廣府，其中以十三行最為突出，主要從事貿易和運輸。粵商伴隨著廣東商品流通的擴大、商品經濟的發展、海外移民的高潮而崛起，發跡於東南亞、香港和潮汕地區。

商人的活躍與否取決於整個社會的商業環境、商品意識、市場背景，也取決於政府的政策、社會生產的狀況、當地的自然條件等因素。

廣東商人在明清時期的崛起亦離不開這些因素的制約。明中、後期，上述因素就形成了一個明顯有利於商人發展與活躍的趨向，尤其是在珠江三角洲地區。因此，明清粵商的崛起就是順理成章的事情了。

　　明清時期形成和發展起來的粵商，雖然由於其商業資本主要流向土地而不能從質的方面改變傳統經濟，但在量的方面，卻發揮著多方面的社會功能。

　　這是因為，粵商的活動雖然屬於交換的範疇，就一切要素來說，它是由社會生產決定的。但作為生產工程中一個階段的交換，在一定的條件下，也能對生產發生反作用，進而引起整個社會經濟、政治、思想和文化的某些變異。因此，明清時期粵商的商業活動，對當時廣東的經濟、政治、思想和文化產生了影響。

　　總之，五大商幫所在地區具有相當發達的商業，有一批積累了大量資本的巨商作為中堅，在經營、制度、文化等方面存在不同於其他商業集團的特點，許多獨立的商家出於經營和競爭的需要組成以地域為結合的鬆散聯合。他們在歷史上產生過重要影響。

閱讀連結

　　明清筆記體小說《豆棚閒話》中說：徽州風俗慣例，一般人十六歲左右就要出門學做生意。

　　徽州還有一則民諺說：前世不修，生在徽州；十三四歲，往外一丟。一般人家生活貧困，小孩長到十五六歲，就要隨鄉族長輩出外學做生意，尋覓謀生之路。

　　一開始他們多半是在自己的長輩或親戚的店鋪裡當學徒。學徒一般歷時三年，三年的學徒生活是相當辛苦的。吃苦倒是小事，關鍵要能圓滿結束學業，否則就要被人嘲笑。

▌明清時期的會館與公所

■山陝甘會館

　　隨著商品經濟的發展和商人社會地位的提高，商人的社會活動也日益活躍起來，成為社會活動最為積極的參與者，有時甚至是組織者。

　　商人社會活動最集中的表現，就是他們開始有了屬於自己的正式團體，這就是會館和公所，其對於保護工商業者的自身的利益，發揮很好的作用。

　　商人的社會組織會館和公所，主要的是由於商務的關係或地域的關係而形成的，其形成和發展也有其自身的過程和規律，經歷了一個不斷壯大、逐步完善的過程。

會館是由流寓客地的同鄉人所建立的專供同鄉人集會、寄寓的場所。會館的出現與科舉制度有很大關係。

　　明清時的科舉考試制度更為嚴密和完備，每逢「大比之年」，便有各地文武舉子進省城或京城應試。另外，還有大批的商人也來到省城和京城做生意。

　　這些人遠行來到省城，到京城路途則更遠，一般的人所帶盤纏是有限的，在省城、京城投宿。好一些的住宿，價錢則更高，赴考投宿者們大多是拿不出這筆開支的。就是那些做生意的商人們，也多是付不起昂貴的房租。

　　由於經濟上的原因和鄉土觀念，促使舉子和商人們期望能有一個憑藉鄉誼且能相互照應的理想住處。於是就有人開始著手建立能供同鄉居住、休息場所的事宜。

　　明嘉靖年間，在北京就開始出現了專供外地人居住、聚集的場所，人們稱之為「會館」。後來這樣的會館不斷出現，到了明萬曆年間，在北京就出現了「其鄉各有會館」的情況。據統計，在整個明代，北京有會館將近五十家之多。

　　清王朝建立之後，仍積極推行科舉制度，考試的科目和次數都有增加，參加考試的人也越來越多，於是會館也跟著多了起來。

　　據清人吳長元《宸垣識略》記載，從清軍入關至乾隆年間，北京的會館就發展到了一百八十多處。到光緒年間，就又發展到了將近四百所，幾乎全國各地在北京都建立了自己的會館。有的一個縣就建立了好幾所。

　　因清朝廷有滿人居內城、漢人居外城和內城禁止喧囂等規定，所以原來在內城的會館逐漸廢除，而南城正陽、崇文、宣武三門一帶的商業繁華區則成為會館最集中的地方。

　　除北京之外，其他的一些城市也都建有多少不等的會館，例如蘇州，在明萬曆年間就有了會館，後來發展到了九十多所。到清末，廣州、重慶、上海、漢口、天津等地都建有會館。

　　會館的建立主要是出於維護同鄉人利益的，其發起人也不只是商人，其活動的內容也不只限於商務，當然因會館性質不同其作用也不一樣。關於會館的建立和發起人有如下幾種情況：

　　一是純屬商人發起組建的。這類會館是商人為了保護本地或本行業商貿利益而建立的。就北京地區來說，早期的會館都是為赴京投考的人所建，發起人一般的是在京任職的官僚集資為其家鄉人所建，與商人本身的利益關係不大。

　　後來，特別是到了清朝，有相當一部分會館就是由商人發起並出資興建的了。北京之外的其他城市，由於興建會館的時期都比較晚，一開始就是由商人創辦。

　　商人創辦會館的動機，就是使同鄉之人在外做生意有可居住的地方，同時同鄉之人聚集在一起，聯絡感情、增進友誼，更好地團結協助，共同經商。建會館的最終目的還是為做好生意服務的。

　　這類會館建立之後，商人們就以此為活動的場所，無論大小事情都到會館裡來做，當然主要的還是進行與業務有關的活動。比如議論商情，討論物價及貯存貨物等。

清代在天津成立的山西會館，是地方上有名的大會館之一。這個會館是由山西的「十三幫四十八家」巨商組建的。

　　十三幫包括有鹽、布、票、鐵、銻、錫、茶、皮貨、帳、顏料、當行、銀號、雜貨。他們每年有定期的團拜聚餐，各幫每月有小規模聚會，在聚會中進行商務活動，這已成為慣例。

　　二是官僚政客與商人共同發起組建的。這類會館為數較少，它不僅為商人服務，也為官僚士大夫服務。

　　例如在蘇州的江西會館，由江西的官商於清嘉慶年間合建。

　　三是由官僚政客發起組建的。這類會館與商務沒有太多的關係，但也有本地商人參加。所建的時期也大都在清末。

　　他們發起組織會館時，都是以聯絡鄉誼、共謀同鄉福利為號召，實際上是為了籠絡同鄉，建立自己的集團勢力，會館實際上成了他們從事政治活動的舞台。因此，在這類會館中，政治空氣比較濃厚。

　　各會館吸收會員當然是以同鄉為主，入會的同鄉要經過登記入冊，並按時交納會費，便有了會員的資格，也有的會館不交納會費，凡是同鄉都可成為會館一員。

　　會館的管理制度有以下三種：一是值年制，即由董事輪流負責管理每人一年，叫「值年」；二是共管制，即因地域不同，如同是一省，但不同州縣，這樣便由各方派出相等人數共同管理；三是董事制，即規定出董事名額，按分配製度，

如商界若干名、政界若干名、洋行若干名等，然後經過會員選舉產生。

會館除了商人們聚集聯絡、商討業務之外，平時最主要的活動就是搞一些公益事業。也就是說，絕大部分會館，幾乎都把辦理善舉、對同鄉實行救濟、妥善安排生老病死，作為頭等大事。

所以各會館剛建立便訂立公益、救濟等一系列章程和制度。商人外出經商，有的子弟隨同而來，為了讓這些人受到教育，會館還設立有義塾、學校，其經費也由同鄉捐助。

會館是商人們所建立的地域性的組織，是商人活動的場所，其主要的功能就是聯誼並舉辦一些為同鄉服務的公益事業。會館的性質可以歸納為地域性、商業性、封建性和政治色彩這樣一些特點。

會館是由同鄉商人所組建，其成員當然是吸收同鄉人，形成了一個以同鄉為主的地域性很強的組織。這樣做便於同鄉人的團結，保持同鄉人在外經商的利益。

各地經商者的增加，商業活動在不斷擴大，到外地經商的越來越多，因此要求建立自己的組織和固定的活動場所是很自然的。

會館一旦建立，商人們便立刻響應加入，使自己有了一個居住、存貨、商討業務、議定物價等的地方。所以，不管建立會館的初衷是什麼，最終都使其表現出了商業的性質。

封建性主要表現在各個會館都有自己崇拜的偶像和保護神，供奉著各種各樣的神靈。他們所祭祀的神像，有的是本

行業的祖師；有的是本鄉本土的先賢。如土木商供奉魯班、醫藥商供奉三皇，搞海上運輸的供奉海神娘娘等。

有些會館雖有商人參加，但是由官僚政客所組建的，商人參加是以同鄉的身分，而不是出於業務上的需要。

有些會館是由商人發起組建的，但是後來尤其近代加入了一些有聲望的官僚，很快地會館的活動為其所把持。

由於會館是地域性的組織，其人員複雜，業務不一，什麼樣的活動只要是同鄉進行的就有可能在會館裡進行。所以會館還不是商人最理想的活動場所和純屬於自己的組織。

會館主要功能是聯誼。隨著業務的發展，商人們已不滿足於同鄉之間的聚會了，而是從商貿業務的角度來謀求發展，於是出現了打破地域界限，以相同的行業組織在一起的團體，這就是公所。

公所的出現大約在清中期。它的出現是以兩種組織為基礎的，一個就是前面提到的會館，比較明顯的就是清朝乾隆年間之後，大批的會館轉化為公所；再一個就是唐宋時期產生、發展起來的「行」，到明清時期仍然存在。

行是一種由官方對工商業者實行有效管理的組織形式。到了清朝的時候，公所大量出現，一些行也紛紛組建自己的公所。行本身就是以行業為特徵組成的，因此與同業組織公所有相通之處，行組織公所是很自然的事情。

由於公所是以行業為基礎組建的，行業一般劃分是很細的，所以公所一般也以具體的行業專業為主而建立，不像會館籠而統之地包括一個地區任何專業的商人或包括一個大行

業下所有的商人，比如蘇州有個武安會館，它是以該籍的所有綢緞商為主組建的。

而公所建立的就多了，有綢業、錦緞業、湖縐業、織絨業、繡業、絲業、染絲業等十多個公所。可見其組織劃分的更細、專業化更強。

就功能來說，研究商務，開展商務活動是公所最重要的功能。就管理來說，公所在管理上是非常嚴格的，各種規章制度也比較健全，最突出的就是各所都訂有「行規」。

各公所訂立的行規，包括統一業務規範、統一貨價、統一工價、限制開業、限制收徒等，其目的就是要限制額外利潤，防止行業內外的競爭。因此就性質來說，公所已具備了行會的特徵。

商人們歷來是被人們所歧視的，政治地位是低下的，他們所缺的就是社會對他們的認可。一旦有了大量的物質財富，商人們就以他們的錢財興辦一些公益事業，搞一些義舉活動。

比如修路、築橋、興水利。這些活動主要的是在商人的家鄉進行，也有居住在外地的商人，出資在當地興辦公益的。

商人們用錢財修路築橋，在很多的材料中都記載著被修築的路、橋以出資商人命名的情況。

徽州休寧縣一位叫汪五就的商人，小時貧困，後來經商發了財，他的家鄉有一公里長的土堤，有些坍塌，他便出資建了牢固的石堤。鄉親們便為他樹碑立祠，稱這段堤壩為「五就公堤」。

岩寺一商人叫佘文義，為了便利行人，捐資四千金，在岩鎮水口修建了一座石橋，人們稱這座橋為「佘公橋」。他活了八十多歲，一生中辦了很多好事，史料記載他：「置義田、義屋、義塾、義塚。以贍族濟貧，所費萬緡。」

　　再如建宗祠、辦義學、開設書院。商人經商活動與宗族之間的關係是非常密切的，在聚族而居的地區，其經商者往往都得到宗族的支持，比如開始經商時，其資本有的是宗族內部湊集的，經商者使用的夥計、助手等也往往是族內之人。

　　有的宗族提倡族人去經商，以壯大本宗族的財勢或以此為解決家境比較貧困的一條生路，這種維護宗族的利益，也成了商人產生的直接動因之一。宗族與經商有如此的關係，當然作為已經經商者或經商已致富者，一定會竭盡全力維護宗族的利益和宗族的繁衍生存。

　　表現一個宗族存在並使宗族具有很強凝聚力的象徵和手段之一就是建立本宗族的宗祠，所以我們看到許多商人有了錢之後，用在建宗祠上的費用是很多的。

　　商人們還熱衷於辦義學、建書院。此舉出於兩點考慮：

　　一是為了宗族的興盛，要培養族內後人有文化，有知識；

　　二是商人本身地位很低，要提高自己的地位，必須使自己的子弟透過讀書以鑽營仕途。

　　所以在商人的家鄉義學、書院很多，讀書的風氣也很濃。

　　像徽商的出生地之一的歙縣有書院達數十個，其中最有名的是紫陽書院，這個書院就是商人鮑氏家族捐銀數千兩修

復建成的。所以在這個縣除了少部分讀書之人就學於府縣學之外，其餘大部分讀書者都聚集在義學和書院裡。

商人在捐資助賑、助餉方面的舉動記載很多。凡遇自然災害，糧食歉收的年景，商人們就會拿出錢糧予以救濟，特別是財力雄厚的鹽商，其慷慨之舉更為突出。曾主持兩淮鹽務的大鹽商汪應庚，就曾經多次出資助賑。

商人們集體捐資助賑的情況也時有發生，如西元一七四二年揚州水災，兩淮商人等公捐銀二十四萬兩。

凡遇有大的軍需，其糧餉等有相當的部分是來自於商人，這就是所謂的助餉。此舉也是以鹽商參加最為積極。據記載凡政府有軍事行動，商人出資「報效」已成定例。

其實商人們也有著自己的考慮，他們的財富離不開朝廷的支持，有時他們就是憑藉著朝廷給予的特權而業鹽致富的。所以拿出錢來支持朝廷，對他們來說是一樁不虧本的買賣，事後朝廷會給予他們更多的特權，會賺更多的錢財。

商人的義舉，客觀上促進了民間公益事業的發展，彌補了朝廷在這方面投資的不足。

閱讀連結

明清時期，曾有不少的名人居住或曾經活動在會館。

例如：明代名相張居正，其故室是全楚會館；清初學者朱彝尊所寫北京史專著《日下舊聞》，就是在北京順德會館內的古藤書屋編纂的；近代著名詩人和思想家龔自珍，其故居在北京宣外上斜街番邑會館；清末戊戌變法的主要人物梁

啟超，十八歲入京赴春闈，住在北京永光寺西街的廣東新會新館；魯迅先生曾在南半截胡同的紹興縣館內居住長達十年之久，他的《狂人日記》等作品，就是在這裡寫成的。

國家圖書館出版品預行編目（CIP）資料

商貿縱觀：歷代商業與市場經濟 / 唐容 編著 . -- 第一版 .
-- 臺北市：崧燁文化，2020.03
　　面；　公分
POD 版

ISBN 978-986-516-126-2(平裝)

1. 國際貿易史 2. 中國

558.092　　　　　　　　　　　　108018535

書　　名：商貿縱觀：歷代商業與市場經濟
作　　者：唐容 編著
發 行 人：黃振庭
出 版 者：崧燁文化事業有限公司
發 行 者：崧燁文化事業有限公司
E - m a i l：sonbookservice@gmail.com
粉 絲 頁：　　　　　　　網址：
地　　址：台北市中正區重慶南路一段六十一號八樓 815 室
8F.-815, No.61, Sec. 1, Chongqing S. Rd., Zhongzheng
Dist., Taipei City 100, Taiwan (R.O.C.)
電　　話：(02)2370-3310 傳　真：(02) 2388-1990
總 經 銷：紅螞蟻圖書有限公司
地　　址: 台北市內湖區舊宗路二段 121 巷 19 號
電　　話:02-2795-3656 傳真 :02-2795-4100　　網址：
印　　刷：京峯彩色印刷有限公司（京峰數位）
　　本書版權為現代出版社所有授權崧博出版事業有限公司獨家發行電子書及繁體
　　書繁體字版。若有其他相關權利及授權需求請與本公司聯繫。
定　　價：200 元
發行日期：2020 年 03 月第一版
◎ 本書以 POD 印製發行

獨家贈品

親愛的讀者歡迎您選購到您喜愛的書，為了感謝您，我們提供了一份禮品，爽讀 app 的電子書無償使用三個月，近萬本書免費提供您享受閱讀的樂趣。

ios 系統

安卓系統

讀者贈品

請先依照自己的手機型號掃描安裝 APP 註冊，再掃描「讀者贈品」，複製優惠碼至 APP 內兌換

優惠碼（兌換期限 2025/12/30）
READERKUTRA86NWK

爽讀 APP

- 📘 多元書種、萬卷書籍，電子書飽讀服務引領閱讀新浪潮！
- 🎧 AI 語音助您閱讀，萬本好書任您挑選
- 🔍 領取限時優惠碼，三個月沉浸在書海中
- 🔔 固定月費無限暢讀，輕鬆打造專屬閱讀時光

不用留下個人資料，只需行動電話認證，不會有任何騷擾或詐騙電話。